Volker Schoßwald

The Beatles go Dada

Abbey Road, das Meisterwerk:

Schwabach, 2019

Immer noch ein Renner: Der Zebrastreifen

TWENTYSIX – Der Self-Publishing-Verlag Eine Kooperation zwischen der Verlagsgruppe Random House und BoD – Books on Demand
© 2019 Schoßwald, Volker (Text und Bilder) 2. Auflage
Herstellung und Verlag:
BoD – Books on Demand, Norderstedt.
ISBN:9783740733056

Danke an Hans-Eberhard Rückert für das Korrekturlesen

Die Straße der Abtei	5
1 Auf der Suche nach einer Identität	10
2 „Get back": Geh zurück!	12
3 Die Ballade der Publicity-Freaks	15
Yoko, Julian und Sean	19
Linda taucht auf	21
4 Come Together	22
Chuck Berry	29
5 „Something" ist nicht irgendwas	32
6 Der Globus dreht sich	34
7 Maxwell's Silver Hammer und Pataphysik	36
Yoko, Bett und Studio	42
8 O Darling	45
Paul, der große McCartney im Konzert	47
9 Octopus's Garden	49
Der Caveman und sein Leben	54
Ringo in Prag, ein Konzerterlebnis	58
Pete Best, Mona und Neil	60
10 "I Want You"	61
11 Wir werden älter	65
Life begins at 40	66
12 Der Zebrastreifen	67
Im Kontext: Dylan, "The Who", Isle of Wight	69
13 Die Rückseite	71
14 Here comes the sun	72
15 Because	75
16 You never give me your money	79
17 Sun King	82
18 Mean Mr Mustard	84
Nahtloser Übergang	89
19 Polythene Pam	90
Live in Toronto mit der Plastic Ono Band	94
20 Beatles go Dada	96
21 She Came In Through The Bathroom Window	96
22 Golden Slumbers	101
23 Carry that weight	104
24 Where Fab Four Ends meet	106
25 Zum Ende: Stimmen aller vier	110
26 Ende oder Pause	111
27 Her Majesty	112
28 Letztes Kapitel	115
Nach dem Ende	115
Literatur und Quellen	116

Die Straße der Abtei

Eine Klosterstraße in London. Hier befand sich die „Kilburn Priory" der Abbey. Die Straße entstand 1829. Von den 1840ern bis heute prägen neogotische Häuser die Straße. Die anglikanische Kirche baute „St. Mary's Church" und die jüdische Gemeinde „St. John's Wood Synagoge". Da sich die jüdische Gemeinde spaltete, besuchten die vier Beatles 1967 den Gedenkgottesdienst anlässlich des Todes ihres jüdischen Managers Brian Epstein in der Neuen Synagoge in der Lauderdale Road 1967. 1970 wurde die Synagoge in die Abbey Road zurück verlegt.

Im Sommer 1969 gingen die vier Beatles aus den Studios auf die Straße vor dem Haus, ließen von einem Bobby die Straße sperren und marschierten über den Zebrastreifen. Sie hatten 10 Minuten Zeit für das Fotoshooting. Eine Aufnahme wählten sie als Titelbild ihrer neuesten LP (Long-Play-Record). So wurde die Straße zum Mythos.

Das erste Treffen von John Lennon und Paul McCartney fand auf einem Kirchweihfest ihrer Ortsgemeinde statt[1]. Den letzten Gang beschritten sie auf einer Abteistraße. „Abbey-Road". „The Beatles" als religiöses Phänomen?

Frühjahr 1969. Unmittelbar nach der Konfirmation explodierte meine Liebe zur Rockmusik. Neben der Bewältigung des ungeliebten Schulalltags positionierte sich Popmusik als neues Zentrum meines Lebens. Die ersten Hitparaden schienen der Schöpfung der Welt gleichzukommen: So und genauso ist die Welt. Die Welt begann mit „Get back", einem Lied mit einem unvergleichbaren Sound, wenn man von der kongenialen B-Seite „Don't let me down" einmal absah. Beim Autoscooter auf dem Schweinfurter Volksfest neben der US-Kaserne dröhnte „Proud Mary", gefolgt von „Dizzy" aus dem gigantischen Lautsprecher. Eine Offenbarung folgte der anderen.

---

[1] St Peter Church im Stadtteil Woolton

Günter, Wolfgang, Klärchen, Carmen… wir gehörten nun zu dieser neuen Welt.

Die U-Bahn-Station zu den Studios

Nach wie vor der Renner: Jeder will mal Beatle sein

„The Dreams", die Jugendband der evangelischen Gemeinde Auferstehungskirche, galt mir als ein integraler Bestandteil der großen Popwelt. Ihr „Bad Moon Rising" klang in meinen unerfahrenen Ohren wie das Original von Volksfest und Hitparade. Ihre Mamas,

Papas, Onkel und Tanten auf dem Gemeindefest klatschten begeistert den Rhythmus mit wie bei der Hitparade der Volksmusik. Die verpönte „Musik" der Schmuddelwelt war angekommen.

Herbst 1969. Es klingelte. Ich hauste im zweiten Stock unter dem Dach. Fenster auf, runterschauen. Günter, mein Freund aus dem Kindergottesdienstkreis winkte verheißungsvoll. In der Hand hielt er…

Günters besonderer Zugang zu der Welt der angesagten Musik war sein großer Bruder. Mit dessen neuester Platte stapfte er die Holztreppe hoch. Mit geheimnisvoller Miene packte er die Long-Play aus: „The Beatles", in Lautschrift: „Se Biedels". Ich hatte mir den transportablen Plattenspieler meiner Eltern aufs Zimmer geholt. Nun lag die schwarze Scheibe mit den Rillen auf dem Plattenteller. Unbefangen meinte ich, dass es eine Menge verschiedener Rillen gab, alleine schon, weil zwischen den Tracks der verschiedene Lieder ein größerer Abstand.

Bereits die ersten Töne verzauberten mich. Das war das Beste, was ich bisher gehört hatte. Jedes Lied ein Juwel. Und die Rückseite? Als wäre es ein einziges Lied. Der Begriff „Medley" war mir noch nicht untergekommen.

Schließlich erklang „The End" mit dem Ansatz eines Drumsolos und einem Gitarrengewitter. Natürlich nutzte ich die unvergleichliche historische Gelegenheit und ließ mein transportables Telefunken-Tonbandgerät mitlaufen: Aufnahme per Mikrophon. Wir mussten uns bei aller Begeisterung ruhig verhalten.

Dann war „The End" zu Ende. Ich wollte den Recorder ausschalten, aber Günter fuchtelte wild herum. Er durfte ja keine Geräusche machen. Blitzschnell gehorchte ich und machte das Gerät wieder an. Gerade noch rechtzeitig, denn nun erklangen die wunderschön neckischen Sekunden von „Her Majesty". Der Schlussakkord fehlte. Aber das lag nicht an mir.

Schließlich gab Günter das Zeichen und ich konnte wirklich abschalten. Meine Version von „Abbey Road" hatte also eine viel kürzere Pause vor dem letzten Lied als die der anderen Hörer. Das änderte sich erst, als ich drei Jahre später mit meinen Freund Wolfgang nach England trampte. In London erwarb ich für günstige 1 Pfund 85 Pence[2] eine echt englische Version der „Abbey Road" und transportiere sie als „Tramper" vorsichtig im Rucksack; in der Hand die Wandergitarre „Antoinette". Es dauerte fast fünfzig Jahre, bis ich über den berühmten Zebrastreifen schritt.

Für die Beatles wurde der Weg über die Straße zur Passage. Theologen sprechen beim Übergang von einer zur anderen Lebensphase von Passageriten: Konfirmation, Abitur, Beerdigung (für die Hinterbliebenen). Dass sich „The Beatles" beim Übergang zu vier Individualkarrieren auf einem Zebrastreifen positionierten, ist prägnant!

„Abbey-Road" avancierte zur Legende. Wer kennt nicht „Here Comes The Sun"? Welcher Gitarrist coverte noch nie „Something"? Damit schuf George Harrison Evergreens. Katapultierte er sich durch „Abbey Road" auf Augenhöhe mit John und Paul?

Heute, fünfzig Jahre später können wir in viele verborgene Winkel der Beatles-Welt eindringen. Archive wurden geöffnet und sortiert. In den Ergebnissen zu stöbern macht Spaß.[3]

---

[2] England stellte damals vom Duodezimalsystem auf das Dezimalsystem um. Der Schilling (20 Schilling waren 1 Pfund) wurde komplett durch Pence (100 Pence waren ein Pfund) abgelöst. Ich erstand die Platte in der Umstellungszeit, , so dass ich zwei Preise auf der Platte hatte…

[3] Aus zwei Werken schöpfte ich viel Wissen, ohne sie immer zu zitieren. Zum einen Marc Lewinsohn „The Beatles-Record-Sessions", die penibel alle Aufnahmedaten entschlüsseln. Zum andern „The Beatles" von „Daily Mail", eine Art kommentiertem Tagebuch.

„Abbey Road", ein Traum der Jugend. Fast fünfzig Jahre später überqueren Vater und Sohn die Straße mit dem berühmten Zebrastreifen. Ein parkender „Beetle" war nicht in Sicht, aber wenigstens ein roter Doppeldeckerbus. Im Hintergrund die Studios.

1 Auf der Suche nach einer Identität

Als sich die Beatles 1967 nach dem Ende ihrer Karriere als Tourneeband auf die Suche nach einer neuen Identität machten, wählten sie als Pseudonym „Sgt. Pepper's Lonely Hearts Club Band".[4]

Die Platte firmiert als Markenzeichen für die Beatles als Leitstern einer neuen Pop-Musik-Kultur. Aber mit dem Pseudonym schufen sie sich keine Identität. Das zeigte das Folgealbum „The Beatles", das zum einen nur aus dem Bandnamen bestand, zum anderen einen krassen Pepper-Kontrast-Cover aufwies: Weiß, kein Bild.

Oder bedeutete der Titel, dass die Beatles zu ihrer Identität zurückkehrten, vom Kunstprodukt Sgt. Pepper in ihre musikalische Realität? Tatsächlich ist „The Beatles" bodenständiger als Sgt. Pepper. Oft genug klingt es, als bildete dreiviertel der Gruppe nur den Hintergrund für den Hauptakteur des Songs. Doch den Session-Aufnahmen hört man an, wie die Band gemeinsam an den Liedern arbeitete.

„The Beatles", meistens „White Album" genannt, wirkte nicht als Werk der Gruppe, sondern als Werk der einzelnen Musiker, die ihre Stücke miteinander aufnahmen und dies auch nicht immer als Band, sondern in verschiedenen Besetzungen. Die neue Identität hieß nun: „Wir" sind vier Individuen.

Das Nachfolgeprojekt „Get back", verbunden mit dem Anliegen, wieder einen Film zu produzieren, endete in Versuchen. Dass daraus später doch Film und Album „Let it be" wurde, verdankt sich nicht dem Engagement der Band.

Für George Martin schien mit dem verstörenden Projekt „Get Back" das Ende der Beatles gekommen. Umso überraschter war er, als die Band ihn anfragte, ob er ein neues Album mit ihnen produzieren würde. Seine Zusage knüpfte er an ein paar Bedingungen, die

---

[4]Siehe auch V. Schoßwald, Die Sgt. Pepper Generation, 2017

den chaotischen und lieblosen Umgang miteinander eindämmen sollten. Seiner späteren Einschätzung nach gelang dies auch.

So machten sich alle Fünf auf den Weg in die „Abbey Road". Die Abbey-Road Studios erlebte die Band wie eine zweite Heimat. Im Studio konnten sie sich verwirklichen. Gelang es, nach dem White Album und dem missglückten Film wieder zusammen kommen? Das schien die große Frage.

Das Album demonstriert eine überzeugende Band-Identität. Es klingt bei aller Verschiedenheit, Vielfältigkeit und Komplexität homogen, wie vielleicht kein anderes ihrer Werke einschließlich des „Konzeptalbums" Sgt. Pepper.

Nachdem sie ihre neue Identität mit „Abbey Road" gefunden hatten, konnten sie ihre Beatles-Existenz beenden. LP wie Film „Let it be" hatten nur noch dokumentarischen Wert, unbeschadet der Qualität des Titelsongs. Wir erlebten also mit „Abbey Road" die Inkarnation der Beatles.

Wenn wir Gitarristen ein Lied nachspielten, war dies nicht immer einfach. Die Harmonien boten Überraschungen. Meist begleiteten wir uns auf der akustischen Gitarre und sangen dazu. Mit dem Singen, dem wiederholten Singen kommen einem die Texte nahe und näher. Die lyrischen Momente erschließen sich oft erst durch die Verinnerlichung.

Auf „Abbey-Road" erzählten die Beatles viele Geschichten. Ihre narrative Stärke deuteten sie schon in früheren Alben an.

„Penny Lane" oder „Norwegian Wood" gehören zu den klassischen Beatles-Geschichten und demonstrieren, dass die beiden Front-Männer John und Paul wunderbar erzählen konnten, nicht nur in ihrem witzigen gemeinsamen Werk „The Ballad of John and Yoko".

2 „Get back": Geh zurück!

Vor einem neuen Album brauchte man wieder einen Hit. Wie schon bei Sgt. Pepper warf EMI eine Platte auf den Markt, die es in sich hatte und eher auf die nächste LP, auf „Abbey Road" gehörte.[5]

„Get back" entwickelte sich unter verschiedenen Arbeitstiteln. Paul sang sogar eine quere deutsche Version: „Geh raus!" Dabei warf er deutsche Wörter zusammen, die keinen Sinn ergaben. Aus der Erinnerung an die Hamburger Zeit griff er Satzfetzen. Aus seinem Deutschunterricht stammt der Text bestimmt nicht. Die Erwähnung von Fräulein Martin lässt den irritierten Fan fragen, wer das wo sei. Einer der unzähligen Flirts von der Reeperbahn? „Bill, sei mein Häuptling…" radebrecht der Liverpooler.

Im Kontrast zu dieser Version verstören Frühversionen von „Get back" wie: Die Pakistanis, Einwanderer aus der ehemaligen Kronkolonie Indien, von denen eine vergleichsweise hohe Anzahl in London wohnte, sollen raus, am besten nach Hause. Ist das faschistisch oder eine Satire auf fremdenfeindliche Aktionen in London, in England. Die Interpretationen sehr widersprüchlich. Es liegt sehr viel „im Auge des Betrachters".

Paul startete Anfang 1969 ein Lied mit dem Titel „Commonwealth", in dem er das britische Weltreich verbal durchquerte. Seine Gesprächspartnerin Yoko Ono kommentierte ihn mit einem penetranten „Yes"– manchmal schaltete sich auch John ein. Im Schatten des „Brexit" wirkt dieser Song heute sehr skurril. Den Kontext bildete nicht der Rückzug auf die Insel, sondern die Kontakte zu den Kolonien. Queen und Union-Jack gehörten in Kanada und Australien zur Grundausstattung.

1980 behauptete John, während er „Get back to where you once belonged" sang, hätte Paul anzüglich zu Yoko geschaut, als wollte er

---

[5]Nach Möglichkeit organisierten die Beatles es so, dass ihre Singles nicht auf den LPs erschienen, weil sie das unfair gegenüber den Käufern fanden.

sie rauswerfen. Das passte zwar in Fan-Feinbilder, aber als zentrales Motiv erscheint es angesichts dessen, was sich sonst so im Studio abspielte, unwahrscheinlich.

In einer frühen Version während der Let-It-Be-Sessions scherzt John: "Sweet Loretta Fart", she thought she was a cleaner, but she was a frying pan." Hier bricht wieder die Dada-Grundstimmung durch. Sie hielt sich für eine Putzfrau, oder vielleicht härter: für ein Putzmittel, aber sie war eine Bratpfanne. Mit einer Bratpfanne schlägt einer dem anderen über den Schädel. Manche verwendeten den Begriff auch für ein Mädchen, das mit jedem schläft, jeden „brät". Im „Urban Dictonary" wird es auch als Metapher für „pansexual" geführt, was zu Schlussversion „Sweet Loretta Martin thought, she was a woman, but she was another man" passen würde.

Irritierend experimentierte Paul bei einer anderen Session mit „White Power". John kommentierte minutenlang „Get off"! Schwer zu sagen, auf wen sich das bezieht. Paul rief immer wieder Namen von schwarzen Künstlern.[6] Daraus entwickelte sich dann der „Song" „Dig it". Das wirkt wie ein musikalisch-textliches Brainstorming.

In der veröffentlichten Version spielte John die Sologitarre, da George am 10. Januar aus der Gruppe ausgestiegen war.[7] Als er wieder dazu stieß, hatte John ein Solo ausgearbeitet und brachte es dann auch. Als George Martin bei den Aufnahmen am 22. Januar im Apple-House nach dem ersten Take Paul nach dem Titel fragte, antwortete dieser: „'Shit'! ‚Shit' Take One."[8]

Um „Get back" kreiste das letzte Live-Konzert, das berühmte Roof-Top-Concert der „Fab Four". Sie erklommen das Dach mitten

---

[6] 1982 produzierte er mit Stevie Wonder „Ebony and Ivory" und verglich Klaviertasten mit den Hautfarben, die sich wunderbar ergänzen würden.
[7] Er blieb 12 Tage weg und schrieb *Wah-Wah*, es steht für Kopfschmerzen. Als George am 3. Januar 1970 mit Paul und Ringo I Me Mine aufnahm, wurde dies zur letzten offiziellen Aufnahmesession der Beatles.
[8] Lewinson Recording Sessions S.166

im Winter, am 30. Januar und trugen dicke Jacken. Die Kälte forderte die Gitarristen ziemlich heraus. Die skurrile Szene spielte sich auf dem Apple Studios, 3 Savile Row, in London ab. Der Act dauerte etwa so lange wie die spätere Abbey-Road-LP und damit ein bisschen länger als die ersten LPs.

Dass der Auftritt von der Polizei beendet wurde, ist ein typisches Beatlesmärchen. Die Kameraleute filmten das Eintreffen der Polizei begeistert, in der Hoffnung, den hoffnungslos drögen Film dramatisch aufzupeppen. Dazu passen die anderen Filmaufnahmen, bei denen distinguierte Londoner mit Anzug, Aktentasche und Schirm Feuerleitern erklimmen, um das Konzert mit zu erleben. Die Bobbys sahen lediglich nach dem Rechten, da die Aktion viel Bewegung auf den umliegenden Straßen geschaffen hatte.

Anschließend ging es wieder ins Studio zur oft genug wenig inspirierenden Arbeit. Paul war die treibende Kraft, er wollte etwas schaffen. Angeblich zeigte er tyrannische Züge. Aber er hatte auch einen guten Blick auf das, was geschah. So unterbrach er im Januar eine „Get-back" Probe mit den Worten: „Just what a solo. This get's us to the Top Ten, sissors!" und dann spielt die Band nahtlos weiter. Mühsam war es jedoch, aus den endlosen Proben etwas Brauchbares zusammen zu stellen. Dazu fehlte dem Quartett letztlich das Interesse und sie überließen es einem „Fachmann". Das war bestimmt gut, denn so konnten sie dieses Experiment hinter sich lassen und quasi bei Null, ohne Ballast mit dem neuen Projekt beginnen, für das sie freilich bereits etlichen Stoff hatten. Nur das Konzept sollte sich ändern: Wir machen ein Album wie früher; aus einem Guss, direkt eingespielt.

Ein Fan verewigt sich an der Mauer des Abbey-Road-Studios

3 Die Ballade der Publicity-Freaks

„Get back" und „The Ballad Of John And Yoko" fungieren praktisch als Vorwort zu Abbey-Road, „Let It Be" als eine Art Anhang. Die „Ballad" stellt ein Zeitzeugnis dar, ein Blitzlicht.

Beziehungen sind komplex. Sie auf BILD-Zeitungsbalken zu reduzieren trifft nie die Wirklichkeit. Gerade John und Paul, die sich angeblich so spinnefeind waren, stellten an einem einzigen Tag zu zweit einen Beatles-Nr.1-Titel fertig: „The Ballad Of John And Yoko", also auch noch mit Yoko, dem angeblichen Trennungsgrund, in der Zeile.

John hatte es eilig – wenn er mal etwas im Kopf hatte, wollte er es auch ganz schnell umsetzen. Von seinen Kollegen befand aber nur Paul in London. So setzten sich die beiden zusammen und produzierten ein Lied, das - obwohl das Werk eines Duos - unter „The Beatles" firmiert.

Später erzählte John: "It's something I wrote, and it's like an old-time ballad. It's the story of us going along getting married, going to

Paris, going to Amsterdam, all that. It's 'Johnny B. Paperback Writer.' The story came out that only Paul and I were on the record, but I wouldn't have bothered publicizing that. It doesn't mean anything. It just so happened that there were only two of us there -- George was abroad and Ringo was on the film and he couldn't come that night. Because of that, it was a choice of either re-mixing or doing a new song -- and you always go for doing a new one instead of fiddling about with an old one. So we did and it turned out well."[9]

Der Song fasziniert aufnahmetechnisch wie musikalisch. John drängte auf die Umsetzung, Paul trieb John musikalisch an. So produzierten sie ein schnelleres Lied als vorgesehen.

„The Ballad" hält, was sie verspricht: Geschichten in Kurzform, autobiographische Stories, teils ironisch, mit ambivalenten Zeilen zur Pressewelt. Etwa durch die Bed-In-Szenen fungiert sie heute als Zeitdokument. John erzählt nicht nur von seiner Beziehung zu Yoko Ono, sondern auch von der Gesellschaft darum herum, die durch die Presse repräsentiert wurde. Es ist diese Presse, die sie kreuzigt und es ist die Presse, die sagt: „Es ist gut, dass ihr wieder zurück seid."

Am 29. Mai 1969 erschien der Song auf Platte, ohne dass George und Ringo mitgewirkt hätten. Für den treibenden Beat sorgte Paul, der sich schon während der Hamburger Zeit überlegte, Pete Best an den Drums zu ersetzen. Auf der Bühne ließ sich eine One-Man-Show nicht umsetzen und so musste er bis zu seiner ersten Solo-LP warten, bis er alles selber machen konnte: Komponieren, arrangieren, produzieren und die Instrumente spielen.

1988 bekannte Paul, dass sie ihre Kumpels mit dem Schnellschuss „Ballad" vor dem Kopf gestoßen hätten. Aber John drängte manchmal ungeduldig. "John came to me and said, 'I've got this song about our wedding and it's called The Ballad Of John And Yoko, Christ They're Gonna Crucify Me, and I said 'Jesus Christ, you're

---

[9]http://www.beatlesinterviews.org

kidding aren't you? Someone really is going to get upset about it.' He said, 'Yeah, but let's do it.' I was a little worried for him because of the lyric but he was going through alot of terrible things. He came around to my house, wanting to do it really quick. He said, 'Let's just you and me run over to the studio.' I said 'Oh alright, I'll play drums, I'll play bass.' John played guitar. So we did it and stood back to see if the other guys would hate us for it-- which I'm not sure about. They probably never forgave us. John was on heat, so to speak. He needed to record it so we just ran in and did it."[10]

Sein erstes Album betitelte Paul schlicht „McCartney". Bandgeschichtlich knüpft sich an die Veröffentlichung dieses Albums am 17. April die Trennung der Beatles, weil Paul in einer Pressemitteilung neben der Entstehungsgeschichte seiner Platte auch noch die Trennung von den Beatles veröffentlichte.

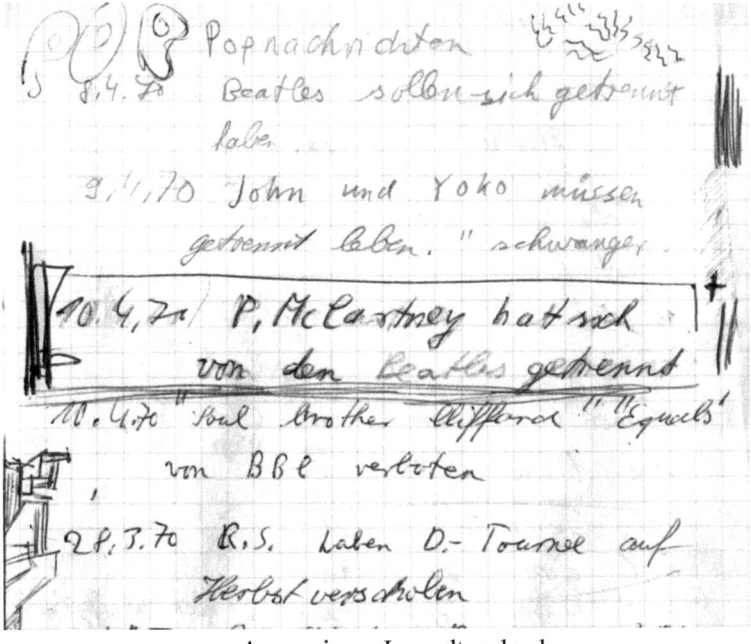

Aus meinem Jugendtagebuch

---

[10] ebd.

In unserer zentralen Jugendsendung des Bayerischen Rundfunks „Club 16" wurde die Mitteilung der Trennung allerdings nicht mit Musik von „McCartney" unterlegt, sondern mit „Magical Mystery Tour". Dass ich das heute noch im Ohr habe, zeugt davon, welchen Eindruck die Nachricht auf mich machte. Ich weiß heute noch, wer es verkündete (Georg Kostya) und wie die Nachricht begann „Und nun eine Meldung für alle Freunde der Beatles…" Da war mein Ohr weit offen und entsprechend hart der Schock, denn ich hatte mit einem neuen Song gerechnet. So wird es vielen Anhängern der Beatles gegangen sein.

London Towerbridge 70er…

Yoko, Julian und Sean

War Yoko Schuld am Auseinanderbrechen der Beatles?

Kein Beatlesfan möchte Yoko ein eigenes Kapitel widmen Aber solche Frauen drängen sich auch ungefragt rein.

Oben schrieb ich: „Aber wenn ein „Federgewicht" zugleich ein guter Boxer ist, kann er auch starke Männer umhauen. So war es auch mit Yoko." Ein Federgewicht war Yoko nur äußerlich. Finanziell wog die Tochter eines erfolgreichen japanischen Bankers schwer. Sie hatte auch schon eine Ehe erfolgreich an die Wand gefahren. Dann kämpfte sie um das Sorgerecht für ihre Tochter. Soll man einer Egomanin das Sorgerecht für die Tochter zuerkennen? Ich kenne weder den Vater noch die Mutter persönlich, aber den Beschreibungen zufolge verhielt sich das Gericht relativ vernünftig und ließ die Tochter bei dem Vater, nicht bei der flippigen Mutter. Angesichts der Tatsache, dass auch in der BRD Gerichte dazu neigen, selbst in schwierigsten Fällen die Mutter als erste Bezugsperson zu sehen und ihr das Sorgerecht zuzusprechen, erscheint dies erstaunlich positiv.

Während der „Abbey-Road"-Entstehung brachte Yoko ihr Kind in Gefahr, indem sie mit John im Auto fuhren, der einen Crash baute. John als Vater und als patriarchalischer Mann seiner ersten Frau Cynthia wäre ein Thema für sich. Cynthia fasste es selbst auch sehr gut in Worte.[11]

Kurz nach der Veröffentlichung von „Abbey Road" startete John mit Yoko, Eric Clapton und Klaus Voorman zum Konzert nach Toronto, wo Yoko ihr unsägliches „Lied" „Kyoto" herausjaulte. Kyoto war ihre Tochter und Yoko sang dafür, sie wiederzubekommen. Aber warum eigentlich? Definitiv wollte sie ein Kind haben, aber nicht dafür sorgen.

---

[11] C. Lennon, John

Für ein Kind sorgen? Bei jenem „Abbey-Road"-Unfall saßen Kyoto und Julian im Auto, beide Kinder, denen der Vater und die Mutter – nun ein Paar – die Familie kaputt gemacht hatten.

Später missbrauchte die Plattenindustrie Julian dazu, ein zweiter John zu werden. Mit den Sound-Mitteln von Phil Spector erhielten seine Songs die Stimme von John. Aber er scheiterte. Nur kleine Wellen spülten ihn ein bisschen nach oben. 2009 starb Julians Schulfreundin Lucy Vodden, die er auf seinem Kinderbild gezeichnet hatte, von dem sich John für „Lucy in the Sky with Diamonds" bediente[12]. Da brachte er eine Single „Lucy" heraus. Musikalisch blieb Pauls „Hey Jude" unvergesslich, das ursprünglich „Hey Jules" hieß und das Paul vor sich hersummte, als er im Auto von einem Besuch bei Cythia und Julian kurz nach der Trennung heimfuhr. „Hey Jules, don't make it bad…" sang er seinen eigenen Worten zufolge.

Sean, Yokos und Johns gemeinsamer Sohn - ähnlich wie „John" ausgesprochen -, kam am 9. Oktober 1975 zur Welt, am 35. Geburtstag seines Vaters. Dachte Paul am 9. Oktober 2011 an John, als er mit 69 Jahren zum dritten Mal heiratete?[13]

Sean war ein Wunschkind, sehr erwünscht. Yoko hatte mehrere Fehlgeburten, auch im Kontext von „Abbey Road". John gab wegen des ersehnten Sohnes mit der geliebten Frau sein musikalisches Wirken lange Zeit auf und versuchte, ihn zu erziehen – was man sich bei einem TV-Glotzer schwer vorstellen kann. Wie war es wohl für Seans (Halb-)Bruder Julian, unter völlig anderen Bedingungen auch ein Sohn John Lennons zu sein. Eine extrem selbstbezogene Frau wie Yoko hätte vermutlich wie eine Löwin am liebsten das fremde Kind totgebissen. Auf der sozialen Ebene schaffte sie es auch. Sie

---

[12] Siehe „Lucy, der Himmel und ich": John Lennon und Lucy begegnen sich.
[13] Nach einem üblen Scheidungskrieg mit seiner zweiten Frau Heather Mills, die ein viertel Jahrhundert jünger war, gab er sich mit Nancy Shevell das Ja-Wort. Wie bei Linda war es diesmal im ganz kleinen Rahmen.

untersagte Cynthia sogar, zu Johns Beerdigung zu kommen. Was für eine Love-And-Peace-Verlogenheit!

Linda taucht auf

Paul heiratete Linda. Durch sie kam er in das Umfeld jüdischer Herkunft, die er von Brian Epstein kannte. Bei Epsteins Aussegnungsfeier hatten die Beatles die Synagoge besucht. Linda nun war Tochter von Lee, eigentlichen Leopold Eastman, der einen russisch-jüdischen Hintergrund hatte, während ihre Mutter einen deutsch-jüdischen Kontext aufwies. Dass Pauls dritte Frau ebenfalls zur jüdischen Community gehörte, ist zumindest interessant.

Lindas Vater Leopold Vail Epstein war als Lee Eastman ein Jurist und vertrat etwa den Texter Jack Lawrence, der 1947 für ihn und seine fünfjährige Tochter ein Lied namens „Linda" schrieb, das Buddy Clark aufnahm. Es findet sich als Filmsong mit einer netten Szene bei You-Tube, wenig originell, aber ganz hübsch.

Zebrastreifen

4 Come Together

Was für ein Start?!: „Here come old flat top…" Der Typ mit dem Bürstenschnitt, mit der „Igel-Frisur", militärisch und angepasst, geistig kastriert, in den 60ern ein echtes Feindbild. Auch im 21. Jahrhundert wird es wieder getragen, das flach geschnittene Kopfhaar, oft verbunden mit einem entsprechenden Bartschnitt. Allerdings eignet es sich nur für Männer mit dicken, dunklen Haaren, sonst sieht es lächerlich aus. Bei den anderen wirkt es immer wieder deplatziert. So kommt auch Johns Flat-Top heran, langsam, mit hüpfenden Augen. Das steht für ein ganz übles Karma. Dabei tanzt er herum wie unter Drogen, aber in der „Holy Roller" – Tradition wäre die Droge der Heilige Geist. Im 19. Jahrhundert stand dieser Terminus für Protestanten, die der Kirchgang zur Spiritualität bewegte. Es konnte so weit gehen, dass die vom Geist Ergriffenen sich auf dem Boden wälzten (rollten).

Dass sich John als erklärter Atheist und Kirchenkritiker darüber mokierte, liegt nahe. Was dadaistisch klingt, ist fast skurril wirkende Realität. Dass der „Flat-Top" Haare bis zu den Knien trägt, sprengt die Beschreibungen. Aber er ist einer, der immer sticht, ein Joker. Er ist ein männlicher „Pippi Langstrumpf", der nur tut, was ihm passt.

Den Song kann man wegen des dichten Textes oft anhören, wie auch wegen des innovativen Arrangements, bei dem Ringo eine herausragende Rolle spielte. Der Einsatz der Trommeln geht über den mitreißenden Off-Beat hinaus, wirkt orchestral. Bei der Aufnahme von John Lennon aus New York City, mit Ringos Freund Jim Keltner am Drumset merkt man den Unterschied zum klassischen Drummer.

Der „Flat-Top", den schon Chuck Berry skizzierte, putzt seine Schuhe nicht blitzblank und er hat Dreck zwischen den Zehen, er hat Finger wie ein Affe und schießt Coca-Cola. Wie so oft lebt dieser Text von Lennons Assoziationskraft, zu der ein ganz breites Wissen gehört. Ohne Assoziationen lassen sich solche Texte nicht schreiben. Für Assoziationen muss man vorher „Wissen" getankt haben.

Unvermutet stoßen wir auf den Ursprung des Songs. John sollte einen Werbespot für Timothy Leary, den sog. Drogenpapst schreiben. Leary wäre gerne Gouverneur von California geworden. Zu seinem Programm gehörte „You got to be free."

Gouverneur war Ronald Reagan, gegen den im August 1969 in Woodstock Sänger die Stimme erhoben: „Ich widme diesen Song Ronald Reagan, dem Gouverneur von California", rief Jeffrey Shurtleff in seiner Anmoderation von „Drugstore Truck Driving Man", das er mit Joan Baez vortrug. Dem rechtsradikalen Reagan erklärte er, er gehöre zu den Wehrdienstverweigerern (Draft-Resistance), die keine Feinde kennen würden.

Lennon wollte Leary unterstützen, was misslang, da dieser seiner Drogen wegen inhaftiert wurde. Der Song aber blieb und eben auch als Aufruf an die Menschen: Kommt zusammen, genau jetzt!

Wir befinden uns eindeutig in den zu Ende gehenden Sechzigern. LSD, Krieg und Frieden, Rechts und Links spielte eine Rolle und das Zusammenkommen ebenfalls. Ob es Festivals waren oder Demonstrationen: Kommt zusammen und artikuliert euch. Das gab es nicht immer. In der Friedenbewegung in den 80ern gegen die atomare Nachrüstung und die Mittelstreckenraketen, in den 90ern gegen die Fremdenfeindlichkeit („Lichterketten" in Deutschland) und dann im 21. Jahrhundert die „Friday for Future"-Treffen von Schülern gegen die Umweltzerstörung durch... letztlich ihre Eltern.

Die Textkollage – zusammengefügt aus Assoziationen, nicht aus Material, das er vor sich ausgebreitet hatte – geht weiter. Dem nächsten Spot fehlt das Verb, es ist irgendetwas mit der Herstellung von Taschen. Man könnte an Plastiktüten denken. Wie nahe ist dies an

„Friday for future", auch mit dem Themenbereich Umweltverschmutzung durch Plastik.[14]

Dann trampelt das Walross mit Gummistiefeln herein. Ich ordnete „Gummi" Wencke Myrrhes „Knallrotes Gummiboot" zu, aber beim Walross assoziiert der Fan „Magical Mystery Tour". Gumboots gehören zu einem südamerikanischen Tanz aus den Goldminen. Oder trägt das Walross Gummistiefel und ist Paul, wie in „Glass Onion" auf „The Beatles" verraten wurde?

Freilich erinnerte sich Johns Tante Mimi nur zu gut an die Gummistiefel ihres kleinen Jungen, der sie sogar zu Theateraufführungen trug. Sie besuchte ihn 1963 dort, im „Liverpool Empire" beim Weihnachtskonzert der Beatles und erzählte später von seinen Stiefeln.

„Ich betrachtete John auf der Bühne, sah ihn aber immer noch als kleinen Jungen vor mir. Zu Weihnachten bin ich jedes Jahr mit ihm ins Empire gegangen, das war sein jährliches Extravergnügen. Ich weiß noch, als wir *Der gestiefelte Kater* gesehen haben. Es schneite an diesem Tag und John hatte im Theater seine Gummistiefel anbehalten. Als der Kater mit seinen Riesenstiefeln auftauchte, sprang John auf und schrie: ‚Mimi, er hat Gummistiefel an – so wie ich!' Man konnte seine Kinderstimme im ganzen Saal hören und alle haben ihn angelächelt."[15] Dachte John bei „Come together" an den „Gestiefelten Kater"?

Kein Sideboard oder Seitenschränkchen aus Yokos Wohnung? „Oh, no sideboard!"? Die harten Beatlesfans dachten: Ono? Oh, no!

---

[14] Immerhin initiierte er die Plastik-Ono-Band.
[15] H.Davis, die Beatles, 2002, S.31

Was meint er mit Spinal Cracker? Eine japanische Kampfsportfinesse? Ein Schlag von hinten und gleichzeitig ein Kick mit dem Knie. Das klingt tödlich. Oder meinte er eine fernöstliche Massagetechnik, die an der Wirbelsäule ansetzte und bei der Interpreten mutmaßten, Ono hätte sie bei Lennon praktiziert. Wir wissen es nicht.

John steigt tiefer in dunkle Gedankensplitterverbindungen: Der Typ mit dem Bürstenhaarschnitt mit Haaren bis zu den Knien hat die Füße unter seinem Knie. Bei „Knee" assoziiert er „Armchair", als ob ein Kind beim Opa auf den Knien sitzt. Aber das Kind kann seine Krankheit spüren.

Nach dem Ruf, sich zusammenzuscharen fährt der Bürstenhaar-Typ Achterbahn: Roller Coaster. Es geht auf und ab. Die Mädels kreischen, aber er wurde ja schon früh gewarnt.

Krass wechselt John in die musikalische Welt: Der Typ mit dem Bürstenhaarschnitt und den Gummistiefeln hat trübes Wasser. Bei „Muddy Water" denken Musiker an den Bluesmusiker und sein Lied „Rolling Stone", nach dem sich die größten Konkurrenten der Beatles benannten. Bei Muddy Waters klingt Mojo an, ein afrikanisches Amulett, mit erotischen Zauberkräften. Aber lässt sich Erotik filtern?

Die nächste Zeile ist banal: eins und eins und eins sind drei. Dies könnte eine Verballhornung der christlichen Beschreibung der Trinität sein: „Eins und Eins und Eins ist Eins": Vater, Sohn und Heiliger Geist sind die Dreieinigkeit. Freilich lassen sich Gedankenspiele nicht rekonstruieren.

Abrupt folgt: Er muss gut aussehen, denn er ist kaum zu sehen. Das gilt für Jungen und für Mädchen gleichermaßen: Wenn du unscheinbar bist, musst du einfach gut aussehen, um überhaupt etwas zu gelten. Und jetzt versammelt euch... genau jetzt... über mir!

Mit diesem Hintergrund könnten wir das Lied noch einmal anhören, erst die Abbey-Road-Version, dann die aus dem Madison Square

Garden von 1972, dem letzten echten Lennon-Konzert. Die Beatles waren eben einzigartig.

Nach der Veröffentlichung von Abbey Road erklärte John: "'Come Together' changed at the session. We said, 'Let's slow it down. Let's do this to it, let's do that to it,' and it ends up however it comes out. I just said, 'Look, I've got no arrangement for you, but you know how I want it.' I think that's partly because we've played together a long time. So I said, 'Give me something funky and set up a beat, maybe.' And they all just joined in."[16]

„Come Together" lebt textlich von den Assoziationen. Musikalisch spielt Ringo die herausragende Rolle. Sein Spiel auf den Tom-Toms macht diesen Song einzigartig. Dazu kommt der Klang von Georges Gitarre, ganz besonders im Schlussteil. Der Bass von Paul trägt das Ganze von Anfang an wie ein Boot auf dem Wasser.

Angeblich ist der Zischlaut bei "Come Together" das Wort „Shoot". Das klingt makaber, wenn wir an Johns Ermordung elf Jahre später denken. Mark Levinson erklärt, bei „Shoot me" wurde das „me" vom Bass aufgesogen. Wenn wir uns „Live in Madison Square Garden" anschauen, singt John bestimmt kein „me" und auch das „Sh…" ist ein Zischlaut. Auch im Interview von 1969 zu jedem Track imitiert er das „S" und klatscht rhythmisch in die Hände. Er will, so sagt er, dass es funky klingt.

Vor „Come together" im Madison-Square-Garden erklärt er, jetzt käme der einzige Song der Band, bei der er vorher spielte. Dabei fährt er sich mit der Hand über die Kehle. Es scheint ihm bis oben zu stehen. Nach dem Lied meint er fast entschuldigend: „Ich habe nahezu den ganzen Text richtig gesungen." und ächzt: „Ich muss aufhören, solche blöden Wörter zu schreiben… Ich werde alt." Doch der Text ist Kunst.

---

[16]http://www.beatlesinterviews.org

Wäre ein solcher dichter Text bei deutschen Bands auch möglich gewesen? Bei der Durchsicht meiner Erinnerung und meiner Platten fällt mir qualitativ gleichwertig nur „Ihre Kinder" ein. „Mantel im Wind" etwa, wo ganz viele Bilder aufsteigen können, oder auch „Paranoia Picknick".

Auf seiner LP „Rock n Roll" spielt John *„You Can't Catch Me"* von Chuck Berry und verweist durch die Interpretation auf die Verwandtschaft mit „Come together". Aber auf Abbey-Road ist dies durch und durch ein Beatles-Song. Dass John es liebte, zu zitieren als würde er beschriebenes Toilettenpapier entrollen demonstrierte er bei „Dig it". Gut, "Here come old flat-top" zitierte John in „Come Together" wirklich wörtlich. Aber was für ein Wink des Schicksals: Im folgenden Prozess mit den Juristen von Chuck Berry ließ sich John auf den Vergleich ein, auf dem nächsten Album Chuck Berry Titel zu veröffentlichen. Die Tantiemen wären dann die Wiedergutmachung. Ein toller Vergleich, der den etwas trägen John wieder mit seiner Rock 'n Roll-Zeit in Verbindung brachte. Daraus entstand sein 70er-Rock 'n Roll-Album. Das warb zugleich für Chuck Berry.

Berrys Flat-Top trifft auf ihn als den Fahrer eines fast schon fliegenden Autos. Er wirkt bedrohlich, weshalb Berry Gas gibt und weg fliegt. „I began to roll…" singt er. Auch hier taucht das Rollen auf, allerdings im Konflikt mit der weißen Polizei. Die US-Polizei muss ein Schwarzer bis heute ganz aufmerksam beobachten. Leicht finden sich dort Feinde, die ihre staatliche Position ausnutzen. Als bei Berry die „State Patrol" erscheint, breitet er die Flügel aus, um den Flattermann zu machen. Er sagt Tschüss zu New Jersey.

Berrys Lied wurde 1956 als Filmtitel für „Rock, Rock, Rock" sogar als Soundtrack veröffentlicht.

„Come Together" ist ein Anlass, an Chuck Berry zu erinnern.

Chuck Berry

Chuck Berry versus Elvis Presley. Ich meine hier nicht die Musiker, sondern die Leute mit wirtschaftlichen Interessen, die auf den weißen Musiker setzten, den sie schließlich durch seine GI-Kastration für das Rock-n-Roll-Publikum erledigten. Chuck Berry war aus anderem Holz und Herkommen. So einen konnte man in „Good ol' America" leicht erledigen. Typen wie Donald Trump und Vorfahren (KKK) erledigten das.

Das Besondere in seinem Kontext in den 50ern, in der McCarthy-Ära, die für das heuchlerische (hypocrit) Nordamerika steht, war, dass der farbige Chuck Berry mit einem kriminellen Hintergrund auch weiße Jugendliche faszinierte. Er entstammte einer multinationalen Familie, deren Stammbaum er mangels schriftlicher Quellen kaum rekonstruieren konnte[17], aber er wusste von einer Urgroßmutter aus Deutschland[18]. Inspirierte ihn dies 1956 zu „Roll Over, Beethoven" („Komm rüber, Beethoven")? Indianische und afroafrikanische Vorfahren schmücken seinen Stammbaum ebenso wie eine weiße Farmerswitwe ungenannter Herkunft. Die Existenz genetischer Rassenschranken widerlegt er eindeutig: Der sexuelle Kontakt führt zur Fortpflanzung[19]. Freilich findet sich Rassismus bei vielen „Rassen", ohne dass dadurch die faktische und definierbare Existenz von Rassen nachgewiesen ist.

Charles Edward Anderson Berry, genannt Chuck, konkurrierte mit weißen Kollegen um den Titel „King of Rock ‚n Roll" durch Hits

---

[17] Ich beziehe mich im Folgenden auf seine Autobiographie.
[18] S.xxi, Mary Rafford
[19] N.b. gibt es auch bei Adolf Hitler Hinweise, dass seine germanische Ahnenkette eine Generation vorher jüdisch aufgemöbelt wurde. Als es um seinen Ahnenpass ging, gingen die Unterlagen kurzfristig in Rauch auf.

wie „Sweet Little Sixteen", „Rock and Roll Music", „Memphis, Tennessee" und vor allem „Johnny B. Goode"[20]. Sein Erfolg stieß der weißen Konkurrenz übel auf. So besann man sich auf den „Mann-Act". 1959 wurde Chuck Berry verhaftet und 1961 (sic!) zu drei Jahren Gefängnis verurteilt. So kickte ihn das weiße „America"[21] aus den Charts. Sein Produzent ließ ihn vor Haftantritt schnell noch eine Reihe von Liedern zur Veröffentlichung während seiner Zwangsabsenz aufnehmen, etwa „Come on", den späteren ersten Rolling-Stones-Hit und „Route 66", erfolgreich von den Stones gecovert.

Die weiße US-Herrschaft klagte Berry zeitgleich zweimal an, einerseits wegen einer „French Lady", andererseits einer „Indian Woman". Berry notiert sprachlich sehr aufmerksam die unterschiedliche Wortwahl „Lady" / „Woman".[22]

Im ersten Prozess frug der „honorable Judge"[23] Moore einen Hotelbetreiber des Nachbarbundesstaates, was für eine Art von Hotel er betreibe. Als dieser das nicht verstand, präzisierte der Richter ungehalten: „Was it a white or a colored hotel?". Der Hotelier erklärte, dass da, wo er wohne, darauf nicht geachtet würde. Darauf wütete der Richter: „I didn't ask, what kind of people you deserve! Just answer my question!"[24] Kein Wunder, dass die Verurteilung wie vorgesehen stattfand.

Elvis erhielt statt eines Strafprozesses eine normale „GI-Haft"– umfrisiert als Soldat in Good Old Germany stationiert, was sich in

---

[20] Wahnsinn: Die nationalistisch benebelten US-Amerikaner glaubten, dass im ganzen Universum ihre hochmoderne Technik geteilt würde und schickten mit den Raumsonden Voyager 1 u.2 den Song Johnny B. Goode auf einer goldenen Schallplatte (nicht einmal einer CD) ins tiefschwarze Weltall. vgl. V. Schoßwald „Wir waren doch auf dem Mond" 2019

[21] Nach wie vor nur der südliche Teil des nördlichen Teils von Amerika.

[22] Berry, Autobiography, S.204

[23] „Bang bang Maxwell's Silver Hammer"…

[24] S.205

„Frankfurt Special" und „Muss I denn zum Städtele hinaus" wiederspiegelte und eine kastrierte Zukunft zur Folge hatte, bis er 1977 dem Herztod wegen Verfettung erlag. Chuck Berry erreichte immerhin 90 Jahre und verstarb am 18.3.2017, kurz vor der Veröffentlichung seines Alterswerkes „CHUCK".

Chuck Berry singt 2008 Sweet Little Sixteen „Right here in Nuremberg"

Chuck Berrys[25] unbekümmerte englische Retter verschafften ihm eine sensationelle Popularität: „The Beatles" rockten mit „Roll over Beethoven" und „Rock 'n Roll Musik" das Land. Seine rechtlichen Vertreter strengten einen Prozess an, weil sie in „Come together" sein Gedankengut erkannten.

---

[25]Chuck Berrys lädierte Nase stammte aus einem „offiziellen" Box-Kampf, durch welchen er sich im Gefängnis Bevorzugungen erkämpfen konnte.

5 „Something" ist nicht irgendwas

Bei der „Get-Back"-Session ächzte George zu John: „Ich habe da sechs Monate dran gesessen. Ich konnte an nichts anderes mehr denken als an..." und dann folgte ein gebenchter Ton. Auch die Basslinie hatte er sich überlegt und spielte sie Paul vor. Die Gitarre löste die Akkorde in Töne auf. Dadurch wirkt das Stück sehr balladesk. Die Rede ist von „Something".

1969 war „Something" ein Teil von Abbey-Road, 50 Jahre der Klassiker. Wer hätte gedacht, dass ausgerechnet George den Titel ablieferte, der mit „Yesterday" konkurrieren konnte. Auch deswegen war „Abbey-Road" so gut, weil hier ein dritter Meister sich entwickelt hatte. Das zeigte George durch diese Komposition und das Arrangement, aber eben auch durch seine kongenialen Beiträge bei den anderen Titeln, nicht zuletzt bei „Octopus's Garden", dem es deutlich anzuhören ist..

Dass er das Lied im räumlichen Umfeld von Eric Clapton entwickelte, passt in die künstlerische Entwicklung, die bei „While My Guitar Gently Weeps" bereits ein hohes Level erreicht hatte. Seine Stimme trug noch. Das änderte sich in den kommenden Jahren. Der Solo-George bekam eine weinerliche Stimme, was seinen Liedern nicht gut tat. Ob der Weg zum westlichen Hindu ein guter war, möchte ich bezweifeln. Er wirkt wie eine Blüte, die sich nicht entfalten kann, sondern sich in irgendeinem Dickicht ein bisschen ins Licht schiebt.

Gerade bei den „Let It Be" – Sessions perfektionierte er seine „Friedens"-haltung, die aber im Kontakt mit Paul sich auf eine konfliktvermeidende Harmoniehaltung reduzierte. So sagte er, er würde genau machen, was Paul vorschlägt. Egal, was Paul vorschlagen würde, er würde es alles machen. Das meinte er wohl auch so, aber eben nicht aus musikalischer Überzeugung, weil Paul der Größte war, sondern um Frieden zu halten. Die Ideologie von Frieden als

Konfliktvermeidung führt zu innerlichen Konflikten und damit eben nicht zum Frieden. Paul zeigte mit dem folgenden „Maxwell's Silver Hammer" die brutale Methode. Ein harmloses Arrangement konterkarierte die fortgesetzte Gewalttätigkeit.

Also „Something". Die Stärke des Songs liegt nicht im Text, einem einfachen und schönen Liebesgedicht. Das Wort „Something" verkörpert die Unfassbarkeit dessen, was mich an der anderen Person anzieht. Schließlich gibt es so viel Vergleichbares. Was macht diese Person unvergleichlich für mich? Irgendetwas. Something.

Für die Partnerinnen der Beatles konnte dies eine zentrale Frage sein: Was macht mich so attraktiv, dass mich ein Beatle auswählt? Was sorgt dafür, dass ich nicht austauschbar bin?

Diese Frage lässt sich nicht objektiv beantworten. „Something" macht den Unterschied. Aber der Dichter spürt: Er will sie jetzt nicht verlassen. Er vertraut ihr jetzt. Weiter geht es nicht. Er verspricht nicht die ewige Liebe. Ursprünglich ging der Text weiter. „You know I love that woman of mine and I need her all of the time … and you know what I'm telling to you that woman, that woman don't make me blue." Doch auch diese Zeilen sind nicht sehr erhellend, außer, dass es offenbar um die konkrete Beziehung von George ging, wobei er auch nicht von "girl", sondern von "woman" sang.

George war mit Pattie Boyd verheiratet. Sie inspirierte ihn zu etlichen Songs wie „If I needed someone", aber sie verzauberte auch Eric Clapton, der dann „Layla" schrieb und sie quasi von George übernahm, der ihn dann als „Schwieger-Ehemann" bezeichnete. Er selbst war von Pattie sehr friedlich geschieden worden, was auf beiden Seiten beruhte. Pattie als Muse von Rockmusikern zu bezeichnen träfe nach Ansicht vieler Musikkritiker zu.

George schilderte, dass er mit dem Lied begann, als Paul gerade an etwas anderem arbeitete und er nichts zu tun hatte.

Nach der Demoaufnahme bot George zunächst Joe Cocker das Lied an und war bei der Aufnahme anwesend. Cockers Aufnahme erschien allerdings erst nach der Veröffentlichung von „Something" durch Apple. Dies war Georges erste A-Side als Beatle. Bei der Erscheinung meinte er: "I could never think of words for it. And also because there was a James Taylor song called 'Something In The Way She Moves' which is the first line of that. And so then I thought of trying to change the words, but they were the words that came when I first wrote it, so in the end I just left it as that, and just called it Something. When I wrote it, I imagined somebody like Ray Charles doing it. That's the feel I imagined, but because I'm not Ray Charles, you know, I'm sort of much more limited in what I can do, then it came out like this. It's nice. It's probably the nicest melody tune that I've written."[26]

Mit seiner Einschätzung hatte er Recht und viele Musiker, die nicht so "limited" waren, interpretierten den Song hingebungsvoll, gerade auch schwarze Künstler. Nach der Veröffentlichung des Albums, als es darum ging, welche Single in den USA publiziert werden sollte, meinte John eindeutig: „'Something' wird die A-Seite. Es ist der beste Song der Platte." Was für ein Bekenntnis zu George, dem kleinen Bruder!

6 Der Globus dreht sich

Juli 1969: Wer schaut schon in die Abbey Road? Die Welt blickt nach oben und in seltsamem Flimmern glaubt man den Fuß eines Menschen zu erkennen, der gerade eine Staubwüste betritt: Louis Armstrong? Nein, das hat nichts mit Musik zu tun. Ein Transkontinentalflug von den USA in die Sahara? Neil Armstrong betritt den

---

[26] http://www.beatlesinterviews.org

Erdtrabanten.[27] Ein kleiner Schritt für einen Menschen. Doch die großen Menschen führen bestialische Kriege.

Zugleich kommt es auch im August zu einem denkwürdigen Ereignis. Niemand hätte gedacht, dass aus einer dreitägigen Schlammschlacht im Regen auf dem Land ein Symbol wird: „Three Days Of Love And Peace" in Woodstock.[28] Die Tage wirbeln die Musikwelt durcheinander. Die Beatles sind nicht dabei, die Stones auch nicht. Doch „The Who" treten auf[29]. Nicht zu vergessen der einmalige Joe Cocker mit seiner unglaublich eigenständigen Version von „With a little help from my friends". Auch Jimi Hendrix ist mit von der Partie. Als zwei Jahre zuvor die Beatles ihren Sgt. Pepper veröffentlichten, besuchte Paul Jimis Konzert wenige Tage später und er meinte anschließend, so, wie Jimi das Titellied interpretierte, hätte er es gerne gehabt. Das wird wohl stimmen, denn auf seinen Konzerten präsentiert Sir Paul Sgt. Pepper in Hendrix-Version, wozu er mit erstklassigen Gitarristen zusammenarbeitet. Hendrix wohnte übrigens in London, in jenem Haus, in dem schon G. F. Händel residierte.[30] Dylan, der in Woodstock wohnte, blieb dem Love & Peace - Event fern. Er kam lieber nach England, in die Abgeschiedenheit der Isle of Wight.

---

[27]V. Schoßwald, Wir waren doch auf dem Mond, 2019
[28] Unvorstellbar, dass das schon fünfzig Jahre her ist. Das ist einfach Gegenwart, ewige Gegenwart. Woodstock bleibt Ewigkeit.
[29]Als ich sie 2016 in Stuttgart erlebte, saß an den Drums? Zak Starkey, Ringos Sohn. Seine Trommelwelt ist allerdings eine ganz andere als die des Vaters. Er scheint wirklich ein Ziehsohn von Keith Moon zu sein, der ihm immerhin sein erstes Drum-Set schenkte.
[30]V.Schoßwald, Die Sgt. Pepper Generation

7 Maxwell's Silver Hammer und Pataphysik

Mein Lieblingssong! Das konnte ich bei fast allen Tracks der LP irgendwann sagen. Come Together, Something, Maxwell's Silver Hammer, Octopus's Garden… Alle vier Beatles steuerten ihre Titel gleich zu Beginn der Platte bei und jedes war einmal (wiederholt) mein Lieblingssong. „Maxwell" und „Octopus" schaffte ich sogar auf der Gitarre. Jetzt sind wir bei „Maxwell's Silver Hammer".

Das Lied lässt sich wunderbar zur akustischen Gitarre singen. Das liegt sowohl an der Melodie und den Harmonien, wie auch am erzählenden Charakter. Die elaborierte Version ist phantastisch. Nur zur akustischen Gitarre tritt die Erzählung in den Vordergrund. Ich liebte den Song auf den Reisen per Anhalter oder im Zug, wenn die Gitarre[31] meine Begleiterin war.

Die Beatles starteten als Teenieband. Wer heute frühe Aufnahmen oder „A Hard Days Night" sieht, registriert überrascht, wie jung die Fans waren. Als die Beatles in Liverpool eine Afternoon-Show und eine Evening-Show gaben, standen zur ersten die Schulkinder Schlange. Die Kids waren die Adressaten der Rocker. Frühreife Kids. Nachkriegskids.

„Maxwell's Silver Hammer" greift die Zeit einige Jahre später auf. Es spielt bei Studenten und gerade Paul hatte sich in die arrivierte, intellektuelle Scene eingearbeitet.

Anscheinend harmlos beginnt die Story mit dem Alltag einer Studentin. Sie ist zweifelnd, spöttisch, skeptisch. Sie beschäftigt sich mit „Pataphysical" zuhause. Dann erscheint Maxwell Edison, ein Medizinstudent. Haben wir uns bei Joan verhört? Studiert sie etwas Pathologisches? Nein, der Begriff heißt „Pataphysical". Damit ist das deutsche Schulenglisch überfordert, und auch der durchschnittlich gebildete Engländer überhört dieses Wort, substituiert es oder

---

[31] Sie heißt immer noch „Antoinette".

stolpert darüber. Da sie mit Reagenzgläsern hantiert, stellt man sich gleich etwas Physikalisches vor.

Paul mit der Ambition, zur künstlerischen Avantgarde zu gehören, zitierte eine marginale Modeströmung. In einer Zeit, als der Existentialismus weite Kreise der jungen Erwachsenen erreicht hatte, propagierten die „Situationisten" die „Pataphysik" als Religion. In der Musik hatte Soft-Machine diese Idee aufgegriffen und John Cage bezog sich auf diese konzeptualistische Philosophie, wenn er Zufälligkeiten ganz gezielt in seine Werke einbauchte.[32]

Zur Pataphysik im Sinne des Dadaismus passt der Bandname „Beatles". Vom Klang her eindeutig Käfer, erinnerte es geschrieben an „Beat" im Sinne von Rhythmus schlagen, vielleicht an Beatniks. Man wartet schon auf George Hairyson. Wer Johns „In his own write" liest, erkennt dessen anarchistischen Umgang mit der Rechtschreibung, eine pausenlose Umformung von Wörtern durch Assoziationen. Schon der Titel könnte im Diktat heißen: „In his own right". Homophone lechzen nach Verfremdung.[33]

Zurück zur Philosophiegeschichte, die Abbey-Road berührt. Der Schriftsteller Alfred Jarry[34] ließ im Pariser „Echo" 1893 einen Docteur Faustroll auftreten, den er als Pataphysiker *deklarmierte*[35]. „Pataphysik" erinnert an die Metaphysik von Aristoteles, an die Bücher, die „nach" der Physik kamen. Aristoteles versuchte, Allgemeingültiges zu formulieren. In der Pataphysik geht es hingegen um die Einzelfälle, die sich nicht den Verallgemeinerungen beugen. Es

---

[32]. Ein echter Tipp-Fehler.;) Ich meinte „einbaute", aber „einbauchte" führt zu passenden Assoziationen Hier schlug der Zufall neben einem Vulkan-Wein „Aglianico des vulture" vehement ein, wie ein Geier zu.

[33] „Verfremdung" lässt an Bert Brecht denken, der dies zu einem politisch-literarischen Stilmittel erhob.

[34] 1873–1907; Gestes et opinions du docteur Faustroll, 1898–1903

[35] Schon wieder so ein Verschreiber. Der Donnerstag, 16. Mai 2019 wird hiermit zum „Tag der Pataphysik"

gibt eine Welt außerhalb der erklärbaren. Das versucht Jarry zu verdeutlichen. Philosophisch wie naturwissenschaftlich begegnet uns hier ein anarchistisches Konzept.

Anarchisch wirkt Pauls Song auch vom Verlauf der Geschichte. Der Drei-Akter klingt bewusst harmlos. Die Beatles verkörperten dank Brian Epsteins Image-Konzept immer auch das Brave oder das Arrivierte auf der Höhe der Zeit. Aber hier durchbricht der „brave Beatle", der gesuchte Schwiegersohn das Brave, indem er den Mord als leicht erzählte Geschichte präsentiert. Ein kinderliedhaftes „Bangbang" koloriert drei Morde. Der geschulte Brave lässt selbst den Mord am Richter als harmlos erscheinen, freilich auch die Zwischenruferinnen ohne Blick für die Folgen ihres Verlangens.

Ein Stück weit klingt „Bad Boy" an, das die Beatles in den USA auf den Markt warfen, kurzfristig eingespielt – vielleicht deshalb sehr frisch.[36] Zwar fungierten als Bad Boys die Rolling Stones, aber auch die Beatles bedienten die pubertierenden Jugendlichen. Schulfrust verbindet viele junge Menschen.

Paul lässt sich charakterlich schwer einschätzen. Er präsentierte sich als der brave Junge, der ideale Schwiegersohn, aber die Geschichten von der Reeperbahn und sein Faible für das Enfant terrible des Rock 'n Roll, Little Richard sprechen eine andere Sprache. Deutschland bereiste er abgesehen von der Bravo-blitz-Tour Jahrzehnte lang nicht. Dass die Tour mit der Jugendzeitschrift „Bravo" eine Blitztour war, mag damit zusammenhängen, dass man juristischen Eingriffen entkommen wollte. Eine Hamburgerin warf Paul vor, Vater ihres Kindes zu sein und strengte einen Vaterschaftsprozess an. Paul entzog sich dem ebenso wie einem Gen-Test mit einer Test-Tube ala Joan, aber er zahlte später eine hübsche Summe – warum auch immer.

---

[36] "Bad Boy" von Larry Williams nahmen The Beatles am 10. Mai 1965, Williams Geburtstag mit seinem Rocker "Dizzy Miss Lizzy" auf.

Kurz gesagt: Paul galt als der kultivierte Beatle, John als der Rebell – und beides stimmte nur zum Teil.

In „Maxwell's Silver Hammer" hören wir die unschuldige, harmlose Stimme von Paul, der etwas Brutales erzählt. Als Jugendlicher konnte ich die Geschichte nicht nachverfolgen, da ich nur Bruchstücke verstand und mir kein Text vorlag. Ich interpretierte es als eine nette Schulgeschichte.

Es geht aber um einen dreifachen Mord. Das Flair, das die Musik verbreitet, passt gar nicht zum Inhalt.

Es beginnt mit einer Schul- oder Unisituation in Physik, Science. Reagenzgläser stehen herum, Alles wirkt harmlos, bis ihr Kommilitone auf der Bildfläche erscheint. Joan experimentiert am Reagenzglas. Das Telefon, Vorläufer des omnipräsenten Handys klingelt: „Can I take you out to the pictures Joaoaoaoan?" Kino! Ein Anmache-Klassiker.

Der Refrain, in dem sich Wiederholtes mit Neuem mischt, fabuliert im Sing-Sang-Klang eine Mordgeschichte: Als sie fertig ist, auszugehen, klopft es an der Tür und Maxwell's silberner Hammer schlägt ihr auf den Kopf. Das klingt harmlos. In derselben Stimme meint Paul: „Stellt sicher, sie war tot!"

Hier mutiert die anscheinende Liebesballade zu eine Horrorgeschichte. Die Harmlosigkeit setzt sich fort. Wieder in der Schule nervt Maxwell die Lehrerin. Süffisant notiert der Dichter, die Lehrerein wolle eine Szene vermeiden und mit Maxwell nach der Stunde reden. Er spielt den harmlosen Trottel. Ihre Strafe entspricht einem Grundschüler-Fehlverhalten. Er muss fünfzig Mal schreiben: „Ich darf das nicht tun." Der Hörer des ganzen Songs kann dies auf den Mord an Joan beziehen. Da wirkt „I must not be so!" unglaublich banal. Als Strafe für den Mord ist das erzieherische mehrmalige Abschreiben „ich darf das nicht tun!" unangemessen.

Diese Banalität wird konterkariert. Die Lehrerin, für die eine solche Strafe normal ist, dreht ahnungslos dem Jungen den Rücken zu. Dieser schlägt zu... Bangbang, Hämmerchen und es war sicher, dass sie tot war.

Paul McCartney ahnte nicht, dass in unseren Jahren ein Videospiel im Internet kursiert, bei dem man lernt, Lehrer zu töten mit Mitteln, die in der Schule bereitliegen. Du musst nicht mal bewaffnet, sei es mit Pistole oder Messer in die Schule gehen, du bedienst dich dessen, das dort ist.[37]

Bei Maxwell kommt es wenigstens zum Prozess. Auch dort wird die Zukunft vorweg genommen. Für die 60er noch unvorstellbar kreischen Mädchen von der Galerie, dass Maxwell freigesprochen werden muss. Wohlgemerkt nach einem Mord. Heute können wir uns so etwas durchaus vorstellen, da oftmals die Täter im Vordergrund stehen und nicht die Opfer.

Kreischende Mädchen, die unreflektiert für Verbrecher Partei ergreifen, kann man sich problemlos vorstellen. Jungens könnten das auch. Sie würden lediglich anders, maskuliner auftreten. Ihr Testosteron gäbe ihnen die Zielrichtung vor.[38]

Auch heute gäbe es Richter, die ihnen widersprächen. Bei den Beatles endet dies jedoch damit, dass Maxwells silberner Hammer auch diesen Richter aus dem Weg räumt.

Die kreischenden Mädchen auf dem Balkon bilden den Schnittpunkt mit den Beatles selbst. Sie werden mit Namen genannt. „Rose and Vallery" gehören gefühlt in die Reihen der Fans, die kreischend die Auftritte der Fab Four begleiteten oder ihnen vor dem Studio und den Wohnungen auflungerten.

---

[37] Das Bayerische Kultusministerium sah darin ebenso wenig ein Problem wie die Staatsanwaltschaft, die ich beide kontaktierte.
[38] Ich denke an den Kultstatus von Che Guevara, einem leidenschaftlichen, gewissenlosen Mörder mit politischen Rechtfertigungen. vgl. V.Schoßwald, die Sgt. Pepper Generation S.120ff.

Mit den drei Szenen oder in der Theatersprache den drei „Akten" ließe sich auch ein Theaterabend gestalten. McCartneys Verdichtung macht aus dem Liedchen eine Dichtung und ein Miniaturtheaterstück.

Die erzählerischen Nuancen erinnern an die Verdichtungen von „Penny Lane", wo er in jeder Zeile eine ganze Geschichte schildert. Es ist nur ein Satz, aber innerlich läuft ein Film ab. Gegenüber „Penny Lane" mit seinem Hang zur Karikatur wirkt „Maxwell's Silver Hammer" skurriler. Der Stil erinnert an „Lovely Rita" von Sgt. Pepper. Im Unterschied zu den herrlichen Songs der Beatle-Mania-Phase schafft Paul etwas Bleibendes, das an Theaterstücke erinnert. Der Blick für Details kennzeichnet das hohe Niveau des balladesken Mini-Plays.

George kommentierte 1969: "We spent a hell of a lot of time on it. And it's one of those instant sort of whistle-along tunes, which some people will hate, and some people will really love it. It's more like Honey Pie, you know, a fun sort of song. But it's pretty sick as well though, 'cuz the guy keeps killing everybody. But that's one of the tunes we use synthesizer on, which is pretty effective on this."[39]

Bei der endgültigen Aufnahme spielte Ringo auf dem Anvil, dem Ambosss![40] Helfer organisierten einen echten SchmiedeAmbosss.[41] Im Film „Let it be" traktiert ein strahlender Mal Evans den Amboss. Er hat sich genau notiert, wo er zuschlägt.

Laut dem Aufnahmeverzeichnis von Mark Lewinson spielte John bei Maxwells Silverhammer nicht mit. Man könnte ihn sich mit Yoko auf der Galerie vorstellen. Yoko kräht: Er muss freikommen! und hüllt sich affektiert in einen Sack…

---

[39]http://www.beatlesinterviews.org
[40]Lewinson S.179: Anvor of an Blacksmith
[41]In Beatlesbuch R.Moers S.253 spielte Ringo am 10. Juli an Stelle von Mal Evans das Horn. Das klingt nach Übersetzungsfehler.

Ein Bang-Bang-Amboss in einem „Eisenhammer" bei Hilpoltstein.

Yoko, Bett und Studio

Die frühen Abbey-Road-Aufnahmen liefen skurril ab. Ihnen ging ein Crash voran. Am 1. Juli 1969 fuhren hatten John und Yoko mit Johns Sohn Julian und Yokos Tochter Kyoto von einem Besuch bei einer Tante in Durness zurück nach London. Regen, schlechte Sicht, schlechte Brille, deutscher Tourist kommt entgegen. John geriet in Panic und steuerte den Wagen in den Graben. Johns Gesicht musste genäht werden, Yoko und Kyoko waren leicht verletzt, Julian hatte einen Schock.[42]

Aufgrund des „Accidents" begannen die Aufnahmen also ohne John – der arbeitswütige Paul war allein vor Ort. Aber am 9. Juli kehrte John zurück, freilich nicht alleine. Yoko begleitete ihn. Im

---

[42] Rolling Stone 300 10/2019, S.46; www.Wolfgangroehl.de

Bett! Tatsächlich kam die schwangere und pathologisch überspannte Frau in einem Bett, einem Ehebett in die Studios. Kritische Bemerkungen erstickte man im Keim. Prinzessin Yoko erhielt sogar von George Martin ein Mikrophon über dem Bett, falls sie sich einmischen wollte.[43]

Es handelte sich also keineswegs um eine kleine Liege, sondern um ein Doppelbett, passend zur exaltierten Yoko mit ihrem Anhängsel.

Ein Jahr zuvor hatten die beiden etwas aufgenommen, das im November 1968 als „*Unfinished Music No. 1: Two Virgins*" erschien. Man könnte es als Schrott bezeichnen, zumindest wirkte es auf uns Jugendliche so. Heute erscheint es fast als ein Zeitdokument, wie sich „Kunst" entwickelte. Die Platte läuft gerade im Hintergrund. Sie enthält tatsächlich Stimmen und Geräusche von John und Yoko. John nutzte eine Griechenlandreise seiner Frau Cynthia, um mit Yoko in sein Haus zu gehen. Am 19.5.68 nahmen sie mit einem Tonbandgerät einfach auf, was sich akustisch abspielte. Man könnte es revolutionär oder auch stümperhaft nennen, auf alle Fälle ist es keine Beatlesmusik und hat mit Rock und Pop nichts zu tun. Wer es für eine extreme Form von Free-Jazz hält, kann nicht widerlegt werden. Ein Publikumserfolg war es nicht, aber das sagt ohnedies nichts über die künstlerische Qualität aus.

Gegen Ende der Seite 1 sagt John „Es sind einfach nur Ich und Du, bei mir zu Hause." „Du" artikuliert er als „Thee", bringt altertümliches oder biblisches Englisch ein. Er rezitiert auf der zweiten Seite wie ein Priester mit gespielt sonorer Stimme und schließt auch mit „Amen". Dazu kommen Collagen wie bei „Revolution No.9". Beide Aufnahmen erschienen im November 1968.

John's Frau Cynthia kann einem leidtun. Da wird der Kontext des Ehebruchs im eigenen Haus akustisch festgehalten und anschließend

---

[43] Lewinson 179

veröffentlicht. Das ist geschmacklos. Aber Mrs. Ono scheint das Moralgefühl ohnedies zu fehlen. Dies wundert bei der Tochter eines Bankers wenig. Gerade die Finanzwelt kennzeichnet sich durch Skrupellosigkeit aus. Wenn sich jemand als Banker oder Finanzberater outet, rutscht er gefühlt unter die Kategorie „Penner unter der Brücke". Meine sehr konkreten Erfahrungen im sozialpädagogischen Bereich mit „Pennern" haben jegliche Sozialromantik und Verklärung vernichtet. Aber Finanzer rangieren auf alle Fälle tiefer. Als Christ haben sie bei mir Chancen wie der Zöllner und Betrüger Levi bei Jesus, aber in meiner Alltagsbewertung müssen sie ziemlich engagiert sein, um sich da hoch zu arbeiten. Daran sind die, die ich kenne, nicht interessiert. Dass Linda Eastmans Vater und Brüder sich auch in der Finanzwelt tummelten, macht misstrauisch. Aber: Das wird ihnen egal sein.

Auf dem Cover erschienen John und Yoko nackt. Vorne von vorn, hinten von hinten. John und George kommentierten es nach den Reaktionen, dass die Fotos zwei nicht besonders attraktive nackte Körper zeigten. Das macht das Cover fast schon sympathisch. Dass auf dem Sleeve wiederum die Bibel zitiert wird mit der Stelle der Erschaffung der Menschen aus Erde und Knochen und der Feststellung, dass sie nackt waren, klingt gut. Aber dies hat einen bigotten Beiklang, da eben dieser John, der dies in die Öffentlichkeit brachte, sich zunehmend dezidiert bis kämpferisch atheistisch artikulierte.

Immer wieder kommen seine kleinbürgerlichen Seiten zum Ausbruch, nicht nur durch seine antisemitischen und sexistischen Äußerungen, sondern auch dadurch, dass er sich nicht nackt fotografieren lassen wollte, sondern für die Aufnahmen von „Two Virgins" in den Keller von Ringo ging und dort mit Selbstauslöser operierte.

Soviel zum Kontext dessen, dass Yoko im Bett bei den Abbey-Road-Aufnahmen gegenwärtig war.

8 O Darling

O Darling!: Joe Cocker wollte dieses Lied unbedingt nach dem Erscheinen covern. Er hatte im August 69 die überzeugende Version von „With a little help from my friends" in Woodstock präsentiert. Da sperrte sich McCartney gegen die Freigabe – verständlich, denn mit der Stimme von Cocker klingt dieses Lied so, wie es gemeint ist.

Dabei gab Paul sein Bestes: „Als wir den Song aufnahmen, ging ich eine Woche lang jeden Tag frühmorgens ins Studio, um allein am Gesang zu arbeiten. Anfangs war meine Stimme nämlich einfach zu sauber. Ich wollte klingen, als ob ich den Song schon die ganze Woche auf der Bühne gespielt hätte."[44]

Immerhin bekam der Sänger aus Sheffield von Harrison „Something", noch bevor die Beatles sich daran machten. Was McCartney betrifft: Cocker begnügte sich später mit „She came in through the bathroom window", brillant im Gesang und im Arrangement.

Beim ersten Anhören von „O Darling" riss es mich. Trotz des gedämpften Tempos ein rockender Klassiker. Vorbild ist einer der „Kings of Rock ‚n Roll", Little Richard, der wie wild in die Tasten haute, schrie und krisch. Paul McCartney versuchte seit den Hamburger Tagen, ein zweiter Little Richard zu werden. Bei „O Darling" merkt man das. Es erinnert auch an „One night with you" von Elvis: Hart in der Stimme, eher getragen im Tempo. Natürlich kommt Paul an Richard Wayne Pennimans Stimmgewalt ebenso wenig heran wie an die von Elvis Aaron Presley, aber das Gesamtbild überzeugt.

Paul präsentiert einen echten und typischen Rocksong, einschließlich des relativ banalen Textes. Wie bei Something macht der Text zwar Sinn, weil es um das große Thema „Liebe" und das spezielle „Beziehung" geht, aber dichterische Feinheiten bleiben aus. „Glaub mir, ich tu dir nicht weh..." hat so wenig Poetisches an sich

---

[44] Rolling Stone März 2014 S.95

wie „glaub mir, wenn du mich verlässt, schaff ich es nicht allein!" Dass sie nicht mehr mit ihm gehen will und er dann anfängt zu heulen, bewegt zwar einen guten Freund zum Mitfühlen und Trösten, wirkt aber auf uns Außenstehende banal.

Der Kontrast zum Kontext: McCartney hatte sich von Jane Asher getrennt[45] und Linda Eastman geheiratet.

Das Lied besticht durch Sound und Drive. Dazu gehört die Stimme, mit der nach einem Pianoakkord der Song beginnt. Paul singt kräftig, aber es gibt noch Steigerungsmöglichkeiten und er nutzt sie. Die Begleitung beginnt simpel. Die Instrumente beschränken sich auf Rhythmus und Akkorde. Im Refrain wird das Piano stärker und die Stimme ungezügelter. Auch das Schlagzeug wirkt akzentuierter, vor allem durch den Einsatz von Crashbecken. Mit dem Neueinstieg des zweiten Verses (Akkord) klingt die Stimme drängender. Es geht alles ein bisschen heftiger weiter, gerade auch beim Klavier. Durch den hinzugefügten Hall nimmt das Lied Raum ein. Die Stimmen im Hintergrund werden stärker. Den Schlussschrei mit „no harm!" dehnt Paul, unterstützt von den Drums, aus. Klassisch abrupt schließt das Lied. Aber dann klimpert doch noch ein bisschen das Piano – wie live.

Paul erinnerte sich 1994: "I mainly remember wanting to get the vocal right, wanting to get it good, and I ended up trying each morning as I came into the recording session. I tried it with a hand mike, and I tried it with a standing mike, I tried it every which way, and finally got the vocal I was reasonably happy with. It's a bit of a belter and if it comes off lukewarm then you've missed the whole point. It was unusual for me-- I would normally try all the goes at a vocal in one day."[46]

---

[45] Janes Bruder Peter arbeitet bis heute mit Ringo zusammen, im Bereich des Produzierens.
[46] beatlesinterviews.org

Letztlich liegt die Stärke des Songs im Crescendo, in der zunehmenden Brutalität der leicht heißeren Stimme und dem akzentuierenden Schlagzeug von Ringo. Wie schon bei „Helter Skelter" auf „The Beatles" wollte Paul wohl wieder einmal der ganz große Rock ‚n Roller sein.

Paul, der große McCartney im Konzert

In seinen Konzerten zelebriert der große Paul sich selbst. Er agiert perfektionistisch und lässt spüren, dass hier der Größte steht, showleutselig wie seinerzeit der deutsche Kaiser.

Auge in Auge mit Paul

Als er in Stuttgart auf seiner New-World-Tournee ein Konzert mit „Drive my car" begann, wirkte das wie eine Offenbarung. Urplötzlich spürte ich den Rock ‚n Roll in diesem Song, der mir auf der Platte nie aufgegangen war. Als er am Ende bei „Hey Jude" uns in Gruppen einteilte, die „Nanana" sangen, verband das Fans und Generationen.[47]

Später kam Tony Sheridan zu einem sehr intimen Konzert nach Nürnberg ins ehemalige „Komm", einem historischen Ort der 60er. Dort hatte es die „Teestube" gegeben, aber es wurde auch Vieles geraucht, was nicht nur Tabak enthielt. Und es gab Protestaktionen gegen die offizielle Politik, die irgendwann zum sog. „Nürnberger Kessel" führte.

---

[47] Von Abbey Road fanden sich jedoch keine Song in der Setliste.

Da kreiste die Polizei die jugendlichen Demonstranten ein und nahm sie in Gewahrsam. Dumm nur, dass ganz viele Mittelschichtkinder dabei waren, bei deren Eltern es keineswegs gut ankam. Auch die Söhne und Töchter von Juristen wurden eingesperrt, was die Anwälte nicht nur auf die Palme, sondern auch auf den Plan brachte. Als zwanzig Jahre später die CSU die Stadtratsmehrheit bekam, war die erste Amtshandlung, das „Komm" abreißen zu lassen. Ein denkmalgeschützter Jugendstilbau, der wahlbedingt unsanierbar wurde, passend zur bayerischen Demokratie.

In diesem historischen Ambiente trat Tony Sheridan im Februar 2011 auf und moderierte seine Songs bisweilen mit „Beatles"-Geschichten. So schilderte er Paul als einen Musiker, der gut ist, sich aber gerne mit Musikern umgibt, die ein bisschen schlechter sind als er, damit er glänzen kann.

Tatsächlich sind Pauls CDs perfekt gestylt, aber der Funke springt kaum über. Bei Abbey-Road hatte er noch Mit-Musiker auf Augenhöhe. Das verlieh seinen Kompositionen und Interpretationen Kraft.

Gehen wir von Paul zu Ringo. Dessen Sohn entwickelte sich übrigens zu einem so renommierten Drummer, dass er sogar mit der Kultband „The Who" tourte. Seinerzeit hatte ihm der Who-Drummer das erste Schlagzeug zum Geburtstag geschenkt. Doch Zak Starkey spielt eher so komplex wie Keith Moon, weniger wie sein Vater.

Zak Starkey bei The Who an den Drums in Stuttgart 2016

9 Octopus's Garden

Das ist neu: Alle vier Beatles tummeln sich mit jeweils einem eigenen Song unter den ersten fünf Liedern. George und Ringo rangieren nicht unter „ferner liefen" oder „da müssen wir doch noch was einfügen", sondern komplementieren ein echtes Quartett. Die Lieder überzeugen alle. Nun taucht selbst Ringo auf – und taucht szenisch gleich unter.

In welch schöne Phantasiewelt entführt uns Ringo: der Garten eines Tintenfisches. Der unermüdliche Propagandist für „Love & Peace" ergeht sich in lyrischen Umschreibungen des Paradieses. George leitet bereits unweltlich bis unterweltlich ein. Er bastelte die allerschönste „Abbey-Road"-Einstellung für seine Gitarre. Diesen Sound steuerte er später bei Ringos erstem Einzelhit „It don't come easy" ebenfalls an. Den ersten Nr.1-Hit aller Solo-Beatles-Songs lieferte ausgerechnet Ringo, noch dazu mit einem eigenen Lied. Im Alter wurde Richard Starkey dann tatsächlich zu einem guten Songwriter, vor allem textlich. Nicht mehr an Hits interessiert, begann auch er zu erzählen und zu fabulieren. Oft genug ließ er autobiographische Themen einfließen.

Fans erinnert „Octopus's Garden" an Ringos größten Erfolg, an „Yellow Submarine". In den Konzerten betont er, dass „Yellow Submarine" das Lied ist, weshalb alle zusammen kommen: „If you don't know this song, you're on the wrong place…" meinte er noch 2018 in Prag und forderte den Gitarristen auf: „Give me the chord!"

Doch während das Unterseeboot noch von John und Paul geliefert wurde, ist „Octopus's Garden" sein persönliches Lied. Der Drummer schrieb es während einer (letztlich vorläufigen) Trennung von seiner Gruppe. Einen Abschnitt aus der Entwicklung zum Beatles-Song dokumentierte der Film „Let it be".

George spielt ein bisschen auf seiner Gitarre herum und nebenbei erklingt der Flügel. Dann erhebt sich George und zu unserer Überraschung steht am Flügel Ringo und begleitet ihn. Georges improvisiertes Lied geht über in Octopus's Garden und irgendwann greift er zwischen Ringos Hände und erklärt ihm ein d-Moll.

Im 2018er-Konzert in Prag wanderte der inzwischen 77-jährige Ringo von den Drums zum Bühnenrand, um zu singen. Doch auf dem Weg stoppte er am Keyboard und griff in die Tasten. Zum Jubel des Publikums auf den gepolsterten Sitzen der Oper intonierte er „Don't pass me by" vom „White Album". Es klang zwar dilettantisch, aber es stimmte und plötzlich konnte man sich vorstellen, wie Ringo komponierte. Gitarre spielte er bekanntlich auch. Beim Keyboard wird allerdings wesentlich deutlicher, wie er den Rhythmus einbringt. Im Film „Let it be" steht er sogar neben Paul und bedient die oberen Tasten, als sie einen Boogie improvisieren.

Bei der Erscheinung von „Abbey Road" erklärte George: "'Octopus's Garden' is Ringo's song. It's only the second song Ringo wrote, and it's lovely. Ringo gets bored playing the drums, and at home he plays a bit of piano, but he only knows about three chords. He knows about the same on guitar. I think it's a really great song, because on the surface, it just like a daft kids' song, but the lyrics are great. For me, you know, I find very deep meaning in the lyrics, which Ringo probably doesn't see, but all the thing like 'resting our head on the sea bed' and 'We'll be warm beneath the storm' which is really great, you know. Because it's like this level is a storm, and if you get sort of deep in your consciousness, it's very peaceful. So Ringo's writing his cosmic songs without noticing."[48]

George spürte mehr aus Ringos Song heraus, als dieser propagierte. „Wir werden warm sein neben dem Sturm" ist wirklich eine

---

[48]http://www.beatlesinterviews.org

hervorragende lyrische Metapher. Wärme bedeutet hier Geborgenheit und Sturm bedeutet Gefahr. Manchmal übertrifft eben das Gedicht den Dichter. Das kennen alle, die so etwas praktizieren. Das umgekehrte, dass Dichter mehr Bedeutung in ihre Gedichte legen als sich letztlich darin befinden, kennen wir allerdings auch. Klassisches Beispiel sind bedeutungsvolle Sätze in professionellen Volksliedern.

Als ein Reporter „Octopus's Garden" einen Sing-Along-Song nannte, lachte John: „Ring-go-long-Song".

Später veräffentlichte Ringo ein Kinder-Bilder-Buch zu „Octopus's Garden" mit psychodelisch angehauchten, verspielten Bildern und dem Song-Text. Zudem konnte man übers Internet eine neu abgemischte Version des Liedes hören mit einem Intro, in dem Ringo die Kinder beglückwünscht, ein Lied des Friedens zu hören.

Die „Abbey Road" – Version schenkt den Hörern einen phantastischen Klang. Die Fünf (mit George Martin) haben den „Garten" äußerst präzise abgemischt, man hört Schlagzeug wie auch Gitarre wunderbar heraus. Dazu gesellt sich direkt am Schluss der „a capella" – Lick von George. Überhaupt inszeniert die durchgehende Begleitung durch die Leadgitarre die Unterwasseratmosphäre.

Auf die Idee, vom Garten eines Kraken zu singen kam Ringo auf Sardinien. Während er auf einer Yacht über das Mittelmeer tuckert, schilderte der Kapitän die Lebensweise von Octopussen und wohl besonders anschaulich deren Unterwasserhöhlen. Kraken sind Tintenfische mit acht Armen, darunter einem Haupttentakel. Form und Bewegung verleihen den Tintenfischen einen fast außerirdischen Charakter. Ringo erzählte 1981: "He (the ship captain) told me all about octopuses - how they go 'round the sea bed and pick up stones and shiny objects and build gardens. I thought, 'How fabulous!' because at the time I just wanted to be under the sea, too. I wanted to get out of it for a while."[49]

---

[49]http://www.beatlesinterviews.org

Die Yacht fungierte zu diesem Zeitpunkt praktisch als Ringos „Höhle", denn er war bei den Beatles ausgestiegen. Am 22. August 1968 fühlte sich Ringo derart überflüssig in der eigenen Band, dass er noch während der Probe von „Back In The USSR" abzog. Er schien wirklich überflüssig, denn der Weltklassedrummer Paul McCartney ersetzte ihn. Nach fünf Takes war die USSR[50] geschluckt und auf „The Beatles" hört man infolgedessen als Drummer Mr. McCartney. Vielleicht haben deshalb „Back In The USSR" und „The Ballad Of John And Yoko" einen so ähnlichen Drive, denn auch dort saß Paul hinter der Batterie.

Ringo floh also aufs Mittelmeer, kappte sich ab und hatte endlich niemanden um sich, der ihm immer wieder erklärte, was er zu tun hätte. So wirkt die Zeile „No one there to tell us what to do..." wie eine Reaktion auf Paul's Herrschaftsgebaren. Freilich lädt er dann auch seine Freunde ein. Hier hat das Lied einen sehr versöhnlichen Charakter.

Die Höhle des Tintenfischs avanciert zum Fluchtort. Dieses Thema spielte bei den Beatles seit der Beatle-Mania eine große Rolle. Wenn es stürmt, wäre man in der Höhle unter Wasser geschützt. Ob Ringo mal kurz an Rory Storm dachte, bei dem er in Hamburg mit den „Hurricanes" spielte?

Das Lied geht auch in die Welt von Kindern hinein, mit ihrer Suche geheimen Verstecken. Wer Ringos schwierige Kindheitsjahre

---

[50]Für Nachgeborene: Die USSR, bei uns die UdSSR war ein erzwungener Zusammenschluss von Staaten rund um Russland, der seit der russischen Revolution bis 1989 existierte. Kennzeichnend für diesen Staat waren Diktatur und Überwachung. Zugleich bildete die UdSSR den Antipoden zu den USA als dem „Hort der Freiheit". Chuck Berry hatte „Back in the USA" fast schon patriotisch geschrieben, obwohl er als Farbiger dort diskriminiert wurde. „Back in the USSR" war eine Gegenreaktion zu einer Zeit, als Pseudo-Intellektuelle die UdSSR als fortschrittlich priesen und als Alternative zum Westen propagierten, ohne die dort bekämpfte Meinungsfreiheit zu registrieren, die sie im Westen hemmungslos nutzten.

mit dem Aufenthalt im Sanatorium betrachtet, mag hier einen bleibenden Wunsch, eine bleibende Sehnsucht nach ungetrübter Spielfreude mit Kameraden heraushören. Es beginnt damit, dass der Krake die Gruppe hereinlässt. Zunächst stellt Ringo die Szene als Phantasie dar („I'd like to be."), als einen heimlichen Wunsch von sich selbst. Aber bereits beim Hereinlassen gehört er zu einer Gruppe („us"). Nun sind sie im Garten im Schatten. Auch der Schatten gehört zum Fluchtpunkt, zum „Nicht gesehen werden".

Erstaunlicherweise lädt er gleich die „Friends" ein. Dazu müssen zu diesem Zeitpunkt noch die anderen drei Beatles gezählt werden. Könnte die Band so geheilt werden? Er lädt sie ein: Kommt und schaut es euch an.

Warm wäre es, in dem kleinen Versteck. „Hideaway" macht die Sehnsucht nach dem Verstecken vor allem Bedrohlichen deutlich. Sie können ihre Köpfe auf dem Meeresbett lagern, nahe an einer Höhle. Die Höhle ist der klassische Zufluchtsort seit den Höhlenmenschen.[51] Später agierte Ringo in einem Film namens „Caveman".

Dann können sie sich kindlich fröhlich gebärden, singen und tanzen: Niemand kann sie finden, weder Fans noch Reporter. Der Schatten verbirgt sie. Sie genießen die Szene: zwischen Korallen können sie schwimmen, alle Mädchen und Jungs freuen sich, wissen, sie sind glücklich und sicher.

Es ist aber nicht nur die Abwesenheit von Bedrohung und Gefahr, es ist auch ein Füllen des Lebens mit Tanzen und Singen. „Frieden ist mehr als die Abwesenheit von Krieg." und „Gesundheit ist mehr als nicht Krank-Sein" definierte die UNO und hier beschreibt uns dies der Dichter einfühlsam.

---

[51] Nach denen benannten sich die seinerzeit populären Troggs. Deren führender Kopf hatte einen beängstigenden Vorteil in der Szene. Er trug den Nachnamen „Presley". Lieder der Troggs wie „Wild thing" griff Jimmy Hendrix gerne auf.

Das gelbe Unterseeboot sucht den Octopus

Für Ringo ist das Glücklichsein kein individuelles Erleben, sondern eingebettet in eine Gemeinschaft „you and me". Man könnte an Kindererfahrungen denken: Wie schön, wenn einem keiner mehr sagt, was man zu tun hat. Es streift aber auch die Beatles-Realität 1968: Niemand wie Paul, der uns Vorschriften macht. Ringo schließt Paul nicht aus, aber alle, die sich so verhalten wie Lehrer oder strenge Eltern.

Für „Abbey Road" war Octopus's Garden unverzichtbar. Der Sound passte in den Gesamtklang und der erzählende Charakter ergänzte das brutale „Maxwell's Silverhammer".

Der Caveman und sein Leben

Apropos Höhle: 1981 übernahm Ringo die Hauptrolle in „Caveman" („Höhlenmensch"). Eine Groteske um Liebe und Eifersucht im „historischen" Gewand. So entdeckt Ringo den aufrechten

Gang, pharmazeutische Wirkungen von Pflanzen und den Vorteil der Feuerbändigung. Wie passend: Er erfindet auch die Musik.

All das ist nicht bierernst gemeint, wie schon die Special Effects zeigen, mit Gummi-Dinos.[52] Ernst wurde es für Barbara Bach, die bei den Drehs auf Ringo traf. Im Jahr darauf heirateten sie.

Das verspielte „Octopus's Garden" lässt sich in Ringos Situation zurückbinden und verbalisiert einen wichtigen Aspekt seiner Lebensgeschichte. Die Sehnsucht nach Geborgenheit. Wie passt das zu Ringos Welt?

Ein Running Gag bei Ringos Konzerten ist die Anmoderation: „Dieses Lied sang ich in einer Band, bei der ich früher spielte…" Erwartungsgemäß jubelt das Publikum in Vorfreude auf einen Beatles-Hit. Trocken ergänzt Ringo: „Rory Storm and the Hurricans"! Das Publikum lacht. Und Ringo kann lächeln: „Später auch bei den Beatles." Dann singt er sein „Boys" und die hochkarätige All-Star-Band schunkelt ihr Schubidua im Rhythmus mit.

Geborgenheit ist ein biographisches Thema von Richard Starkey: Zeugung, Heirat der Eltern, Scheidung, seltene Kontakte zum Vater, aber oft bei der väterlichen Großmutter, die Mutter machte den Vater immer wieder schlecht, obwohl die Trennung ohne großen Streit über die Bühne ging und Richard Starkey sen. regelmäßig seine Alimente zahlte.

Später lag Richard jun. nach einem Blinddarmdurchbruch lange im Krankenhaus und durfte nicht besucht werden, damit er seine Ruhe hatte. Heute weiß man, dass so etwas hospitalisiert. Ein Rettungsanker war die neue Heirat der Mutter mit einem väterlichen und

---

[52] Das erinnert an Senta Berger in „Als die Frauen noch Schwänze hatten" von 1970 mit einem ähnlichen Plot. Dort sprach man „Steinzeitsprache". Mein Freund Wolfgang und ich notierten uns einiges aus der Erinnerung und kommunizierten einige Zeit so. Als wir uns das Video 40 Jahre später wieder reinzogen, halfen uns nur Brathähnchen und Erdbeersekt, um die Jugenderinnerung zu genießen.

ruhigen Mann. Dann folgte ein langer Krankenhausaufenthalt, infolge dessen seine Schulbildung gegen Null ging. Geborgenheit? Die versuchte ihm seine Mutter zu bieten, aber die krassen Einschnitte in sein Leben konnte sie damit nicht kompensieren. Freilich schenkte ein gütiges Schicksal oder ein gütiger Gott ihm ein heiteres Gemüt, mit dem er durch sein Leben kam.

Auffälliger Weise enthalten seine letzten CDs immer mehr biographische Anklänge, etwa „Liverpool 8" mit dem Namen der Heimatstadt im Namen. Bereits seine erste LP „Sentimental Journey" enthielt eine musikalische Rückschau in die Zeit seiner Kindheit. Er interpretierte durchwegs Titel, die mit den Beatles nichts zu tun haben. Hingegen wird Jim McCartney in seiner Jazzband den ein oder anderen Titel gespielt haben[53] und Johns Mutter Julia summte manchen Refrain mit. Das Cover zeigt den Eingang zu der Straße seiner Jugend „Admiral Groove".

Anders als diese Referenzen an die populäre Musik seiner Jugend, bringt der ältere Mann autobiographische Notizen. Auf „Y" schildert er, dass seine Mutter eine „Barmaid" war. Das galt als anstößig. Aber er stammte ja aus dem „Dingle", dem Glasscherbenviertel von Liverpool[54]. Das war eine andere Welt als die bürgerliche Heimat der anderen drei. Dass sich die zwischenmenschlichen Themen überschnitten, zeigt Johns Herkunft und die Lebensweise seiner Mutter Julia, die von vielen als liederlich bezeichnet wurde wie auch Johns Vater Alfred im Hinblick auf sein Vatersein.

---

[53] Auch in meiner Band „Ezzedla abba" brachten die Kollegen ohne Gedanken an Ringo „Sentimental Journey" ein oder „Night and Day".

[54] Ich kenne das: In Schwabach lebte ich in der Pfarrgasse, dem Glasscherbenviertel der „Goldschlägerstadt", inzwischen arbeite ich in Nürnberg-Gostenhof, dem ehemaligen Glasscherbenviertel. Die Leute, die ich kennenlernte, bildeten ein breites Spektrum ab. Man kann sie sympathisch, beeindruckend oder desillusionierend finden, aber Arroganz gehörte bis zur Gentrifizierung in andere Quartiere.

In seinem Song „The Other Side Of Liverpool" von 2010 (Y Not) skizziert Ringo kurz. "My mother was a barmaid - At the age of three my father was gone." Dann nennt er Boys aus seiner Kindheit und Jugend beim Namen: Dave, Eddy, Roy, Brian Briscoe. In der Steeple Street wären sie gemeinsam Baden gegangen. Ich fand die Steeple Street im Liverpooler Stadtplan nicht (mehr?).[55] Das man lachen musste, um dazu zu gehören, sang schon Altersgenosse Eric Burdon aus dem nordenglischen Newcastle: „When I was young, it was more important Pain more painful Laugh much louder…"

Aus diesem kalten und feuchten Eck musste man rauskommen. Ringos Fluchtrichtung hieß: Schlagzeug, Gitarre, Verstärker. Freilich, vorerst gab es keine Kohle, sie spielten "for free" und bekamen „lukewarm beer". Sie waren auf dem Boden der Factory für Rock and Roll. Es gab nur einen Weg heraus aus der Kälte und der Feuchtigkeit: Rock and Roll.

Für Richard Starkey, Richie genannt erwies sich das Schlagzeug als Rettungsanker. Empört verweigerte der Jugendliche das Ansinnen, sich bei einer Militärband eine Basstrommel vor den Bauch zu schnallen und dann den Rhythmus mit zu schlagen. Doch das Thema „Skiffle" passte bei ihm. Rory Storm war der Weg zum Erfolg. Zwar musste der Bandleader sich wie auch die Band mehrfach umbenennen, aber dank des englischen Militärs bekamen sie Auftritte[56] und waren in Frankreich sogar so erfolgreich, dass sie Angebote aus Hamburg ablehnen mussten, während sich die Beatles wiederum dort festsetzten.

---

[55] Als ich die folgende Nachricht im Liverpool Echo vom 13.03.2019 las, dachte ich an Ringo und sein Glasscherbenviertel: "Teenage boy slashed in the face with a knife and ... The 16-year-old was assaulted at the junction of Pinewood Gardens and *Steeple View* at around 9pm before being taken to hospital."

[56] Das erinnert mich an die Anfänge von „Ihre Kinder", die vorwiegend vor GIs auftreten musste – was ihr Entertainmentqualitäten stärkte, ihr Englisch erweiterte und sie an die rauen Seiten des Lebens brachte, einschließlich der Army-Drogen, die sie jedoch weniger überzeugten.

Ringo in Prag, ein Konzerterlebnis
Kongresszentrum in Prag, Ringo singt.

Inzwischen ist Ringo… eben 1940 + X. Der Junge, der die Kindheit kaum überlebte, sich durch Krankenhausjahre quälte, vom Vater mit drei Jahren verlassen wurde, Bombenangriffe der Deutschen zitternd ertragen musste, dessen Mutter sich als Bardame durchs Leben schlug, der zunächst nur auf Kisten trommeln konnte, dieser Junge knallte ab 1962 in den Himmel. Das hat er wohl bis heute nicht so richtig verstanden, aber verstanden hat er, dass dies eine Gnade ist und deshalb propagiert er immer wieder „Love & Peace". Bei ihm klingt es überzeugend, weil er der arrivierte Underdog ist. Er ist echt stolz darauf, dass er als „Ringo" verehrt wird. Auf allen Konzerten (nachzuprüfen über YouTube, CDs, DVDs) zelebriert er dies. Dabei versucht er, nett zu bleiben.

Im Konzert in Praha – er war fast 78 Jahre alt, was ihm von den gepolsterten Sitzen des Opernsaales aus nicht anzusehen war, erschien ein Paar zu spät. Ausgerechnet jemand aus der ersten Reihe. Demonstrativ tippte Ringo auf die Uhr. Und einer anderen Dame rief er zu: „O, fein gemacht für heute Abend?" („Dressed up?!")

Sein Konzept ist für einen Konzertabend von Fans super: Ringo bringt Ringo-Songs der Beatles-Phase, ein paar Solo-Songs und dann kommen Superstars mit eigenen Superhits.

Liverpoolmäßig nächtigten wir, der Vater mit seinen zwei Söhnen, auf einem Boot auf der Moldau und stiegen mühsam zum Kongresszentrum hoch, belohnt durch einen tollen Blick auf die Stadt, mit Plätzen im vierten Stock. Von samtenen Sitzen aus genossen wir die Rock-Band. Aber wo war Ringo?

Die All-Stars starteten mit einer Streichholzschachtel. Während sie noch „Matchbox" intonierten, joggte Ringo auf die Bühne, unter frenetischem Applaus des tschechischen Publikums. „Matchbox" überzeugte sofort. Es folgte „It don't come easy". Damit war der Abend wunderbar eingeleitet. Das Publikum genoss auch die Musik seiner originalen Begleitmusiker von Toto, Supertramp und Santana. Black magic woman neben Oye como va… Alle Beatles-Hits kamen super rüber, beide Jungen strahlten bei „I wanna be your man" und „Yellow Submarin" schmetterten wir mit.

Ringo im Kongresszentrum von Prag, wo er auch mal ans Keyboard ging und „Don't pass me by" intonierte. Das fanden wir toll!

Der John-Lennon-Wall in Prag

Ringo schloss unvermittelt mit „With a little help from my friends..." und verließ die Bühne. Die Band leitete das Lied über in "Give peace an chance!" Ringo kehrte zurück, machte sein Peace-Zeichen und brachte die Botschaft seiner großen Zeit noch mal klar rüber...

Pete Best, Mona und Neil

Wenn man von Ringo spricht, könnte man auch mal an seinen Vorgänger erinnern. Eine nicht gerade saubere Geschichte: Kaum war klar, dass die Beatles groß herauskommen, wurde der Drummer abserviert. Pete Best wurde mit besonderem Recht als der fünfte Beatle bezeichnet. Wenn man den letzten Hamburger Aufenthalt anschaut, war Pete Best genuines Teil des Quartetts. Klar.

Seine Mutter Mona Best hatte viel für Jugendliche übrig. Ihrem Engagement verdankten die Beatles ihr erstes ständiges Engagement. Sie hatte in Liverpool den Casbah-Club eröffnet, in dem die Beatles schon früh auftraten, mit Monas Sohn Pete an den Drums. Wer Pete heute spielen hört, merkt: Der hat was drauf. Er ist nicht Ringo, aber eindeutig ein Beat-Drummer.

Es gibt eine anrührende Aufnahme eines Tony-Sheridan-Konzertes, bei der plötzlich Pete Best auf die Bühne gerufen wird. Wer sich die folgenden Lieder genau anschaut, kann verblüfft feststellen, das Pete ziemlich gut ist und Tony zumindest bei diesem Lied nicht richtig mithalten kann, sondern eher die Gitarre schrubbt als spielt.

Mona begann in diesen Zeiten (1962) ein Verhältnis mit dem Beatles-Roadie Neil Aspinall. Sie wurde von ihm schwanger und später wurde ihr Sohn Roag offiziell als Sohn von Aspinall identifiziert. Manche Geschichten sind schon queer.

10 "I Want You"

Am 1. Juli, einem Dienstag betrat Paul das Studio für die erste Session für das neue Album. Doch wo blieb John? Er tauchte nicht auf. Mit Yoko, seinem Sohn Julian und Yokos Tochter Kyoko hatten sie in Durness seine Tante besucht. Auf der Rückfahrt gab es einen Unfall – ohne Fremdbeteiligung. Ein paar Wunden mussten genäht werden und Julian erlitt einen Schock. John landete im Krankenhaus statt in Abbey Road.

George und Ringo beschäftigten sich ebenfalls anderweitig. So blieb Paul allein. „Du gibst mir niemals dein Geld" hieß der eigenwillige Titel, an den Paul sich machte. Dabei überarbeitete er eine Aufnahme von 6. Mai.

Erste „Abbey-Road" Aufnahmen finden wir schon am 22.2., als ausgerechnet „I Want You (She's So Heavy)" aufgenommen wurde, also eben das Lied, in dem John herausschreit, wie sehr er Yoko will. War sie nicht der Trennungsgrund für die Beatles? Musikalisch nahm die Gruppe auf alle Fälle das Thema massiv auf. Einmal versuchte sich sogar Paul am Gesang, obwohl es John um Yoko ging. Sie ist so „heavy", schwer zu übersetzen, vielleicht mächtig, gewaltig. Paul liebte immer wieder solche rockigen Kracher. Aber natürlich blieb es Johns Song. Irgendein kluger Mensch kritisierte den stupiden Text von „I Want You", aber John brummte nur: „Wenn ich am Ertrinken bin, sage ich auch nicht: ‚Das Wasser wird mir gerade ziemlich viel, ich könnte dabei untergehen, würden Sie bitte die Freundlichkeit haben, mir zu helfen.' Nein, dann schreie ich laut ‚ich ersaufe!'. Yoko ist so gewaltig, da kann ich es nur knapp und klar sagen." She's so heavy.

Dazu meinte George: "It's very heavy. John plays lead guitar and sings the same as he plays. It's really basically a bit like a blues. The riff that he sings and plays is really a very basic blues-type thing. But again, it's very original sort of John-type song. And the middle bit's great. John has an amazing thing with his timing. He always comes across with sort of different timing things, for example All You Need Is Love, which just sort of skips beats out and changes from three-four to four-four, all in and out of each other. But when you question him as to what it is, he doesn't know. He just does it naturally. And this has got... the bridge section of this is a bit like that. And it's got a really very good chord sequence that he uses."[57]

John verwies im Interview zur LP auf den Einsatz des Moog-Synthesizers, den George bedienen könne. Mit Hilfe des Reporters steigerte er sich in die Phantasie eines Konzertes, wo nur noch künstliche Klänge erzeugt würden.

Ob „I want you" wirklich das erste Abbey-Road-Lied war, das die Beatles im Studio bearbeiteten, lässt sich trotz Mark Lewisohns fulminanter Archivierung nicht leicht entscheiden. Aber es war definitiv das letzte Lied, wegen dessen sie sich zu viert und gleichzeitig im Studio befanden.

Das geschah am 20. August 1969. Niemand weiß, ob sie sich damals dessen bewusst waren. Während der Abbey-Road-Sessions redeten sie so viel über Projekte, dass es auch Alternativen zum Auseinanderbrechen gab. So überlegten John und George gemeinsam, sie könnten sich als Solokünstler verwirklichen und immer wieder als Beatles zusammen kommen. Nach meinem Eindruck war es nicht der musikalische Punkt, an dem sie angekommen waren, der sie auseinander brachte. Eher scheinen unterschiedliche Lebenswege – auch familiärer Art – und strategisch-wirtschaftliche Überlegungen zu divergieren.

Aber an jenem unscheinbaren 20. August war Schluss. Man könnte es nicht erfinden, so symbolträchtig war es. Sie hörten sich die Abmischungen von „I want you" an und hatten einen unendlichen Teil für das Out-Fade. Wir erinnern uns: Bei Hey Jude" wollten

---

[57]http://www.beatlesinterviews.org

sie die Vorgaben der Plattenfirmen sprengen, sich bei den Songs an bestimmte Zeiten zu halten. Der eigentliche Song ist auch konventionell. Doch das schier unendliche „Nananana" verdoppelte die Songlänge nahezu.

Bei „I want you" gaben die Beatles ihren Tontechnikern eine herrlich lange Vorgabe. Dann hörten sich alle die endgültige Abmischung an. Plötzlich sagte John: „Stop!" und wies den Tontechniker an, das Band genau an dieser Stelle zu schneiden. Ein abruptes Abschneiden. Der Final-Cut. <u>Der Schlussstrich unter das Lied, unter das Album und unter die Beatles.</u>

Im April hatten John und George die Gitarrenteile aufgenommen und dann wurden die Congas und die Hammondorgel hinzugefügt. Vier Monate später spazierten die Fab Four über den Zebrastreifen und ergänzten das Lied mit einem Moog-Synthesizer.

Beim ersten Hören dachte ich, irgendetwas wäre kaputt. Die Platte, der Plattenspieler oder es hätte die Sicherung rausgehaut bei der harten Musik. Inzwischen weiß ich es besser. In manchen Lebensphasen waren mir die Songs der Beatles so vertraut, dass ich an jeder Stelle wusste: Jetzt ist Schluss! Aber diese Phasen sind vorbei und ich bin jedesmal wieder irritiert, wenn der Song abbricht. Gut, wenn ich nicht gerade mit dem Auto in einer knifflige Situation bin.

„I want you" lautet der wiederkehrende Text. „She's so heavy" interpretiert diese Worte. Konnten die Beatles als Gruppe diese Gewicht „Yoko" aushalten. Eigentlich wirkte sie wie ein Leichtgewicht, noch genauer, wie ein „Federgewicht". Aber wenn ein „Federgewicht" zugleich ein guter Boxer ist, haut er auch starke Männer um. Yoko schien ein Box-Champion zu sein.

John und Paul hatten entscheidende Einschnitte hinter sich. Beide hatten geheiratet, John zum zweiten Mal. Die Termine lagen nur acht Tage auseinander: Paul am 12. März, John am 20. März, die Orte allerdings viel weiter: Paul und Linda heirateten in London auf dem

Standesamt von Marylebone mit anschließendem beatlesfreiem Essen im Ritz. Nur harte Fans und viele ebenso harte Pressefotografen waren neben den wenigen geladenen Gästen dabei. Der Trauring kostete angeblich nur 12 Pfund[58] und war aufgrund der sehr spontanen Entscheidung zu heiraten einem Juwelier abgerungen worden, der sein Geschäft noch einmal nachts aufmachen musste… wenn die Storys von „Daily Mail" stimmen. Tatsächlich ließen sich Paul und Linda den kirchlichen Segen geben. Warum auch immer… Paul (katholisch) kontaktierte Neol Perry Gore, den anglikanischen Reverend der St.-Wood-Parish-Church seines Wohnbezirks, traf sich mit Linda (jüdisch) an seiner Seite kurz mit ihm und dieser erteilte den kirchlichen Segen.[59] Linda war nicht geschieden, sondern ihre Ehe, der die Tochter Heather entsprang, wurde annulliert.

Affen in Gibraltar

---

[58] Meine Tastatur verfügt über keine "englisches Pfund"-Taste mehr. Das war vor zwanzig Jahren anders. € und @ wurden eingeschmuggelt, aber $ gibt es offiziell. Ein Grund, Windows zu kündigen?

[59] Daily Mirror, S.349: „The Rev. Noel Perry-Gor of St. John's Wood Parish Church explained: "Paul rang last week and asked me to bless the marriage. It was a very simple ceremony." 12.3.69

John und Yoko konnten diverse Location-Wünsche sich trotz ihres Superstarstatusses nicht erfüllen, begaben sich spontan auf den Felsen von Gibraltar (GB) für das Ja-Wort und flogen zum Abendessen nach Paris. Für die Hochzeit mussten die beiden allerdings geschieden sein, was Yoko auch (gerade erst) zum dritten Male gelungen war.

11 Wir werden älter

„Jetzt bin ich also schon 64", könnte Jim McCartney geseufzt haben, als ihm sein Sohn die Platte „Sgt. Pepper's Lonely Hearts Club Band" vorspielte, mit dem Song „When I'm 64" – er war gerade 64.[60] Ein Jahr später rockten die Beatles „Birthday". Wer die LP „Please please me" mit „Abbey Road" vergleicht, merkt den Alterungsprozess. In dieser Phase ein positiver Alterungsprozess: Die Beatles reiften. In gewisser Weise fanden sie in der „Abbey Road" als integre Gruppe zusammen, die sich bei der Platte verpuppte, um anschließend als vier Schmetterlinge auseinander zu fliegen.

Wer von uns konnte sich schon 1967 vorstellen, einmal 64 Jahre alt zu sein? Inzwischen besuchte ich Konzerte von ehemaligen Beatles und sie wurden einfach älter. Es wirkt so, als würde ihre Musik jung bleiben. Aber für die junge Genration ist sie nicht konkurrenzfähig. Zwar bringen wir unsere Kinder und manche auch ihre Enkel mit, aber deren aktuelle Musik ist doch anders.

Trotzdem: Die Veränderung, die in den 50er und 60er Jahren in der Musik vor sich ging, hielt an. Der Kontrast zur klassischen Musik bleibt.

---

[60]James "*Jim*" *McCartney* lebte vom 7 Juli 1902 bis 18 März 1976 – den Todestag teilt er mit Chuck Berry (2017)

Heute, am 23.4.19 wurde ich 64. Vormittags präsentierten mir meine Frau mit dem achtjährigen Levi per Saxophon und Drums „When I'm sixty-four", nachmittags erschien mein Sohn Martin, der am selben Tag 21 Jahre alt wurde und präsentierte eine Aufnahme seiner Punkband „Ruvy Red", die am Abend zuvor „When I'm 64" wunderbar eingespielt hatten. („Will you still eat me…")

Life begins at 40

1980 nahm John für Ringo ein Demoband auf, damit er ein Lied für seine nächste LP hätte. „Life begins at 40" hieß ein Song. John und Ringo waren in diesem Jahr 40 Jahre alt geworden. Der Titel greift auf einen Buchbestseller der USA aus den 30er Jahren zurück. Der Titel entwickelte sich zur Redewendung.

Das Lied ist ein einfacher Country-Song, Lennon imitiert ein bisschen Bob Dylan. Einen Titel mit „Life begins at 40" sang auch Sophie Tucker in den 30ern, Jack Yellen[61] und Ted Shapiro, ihre Partner fungierten als Komponisten und Texter. Lennons Song seinerseits ist ironisch: „if all that's true you know that I've been dead for 39" „Wenn das Leben erst mit 40 beginnt, war ich 39 Jahre tot." Lennon übergab Starkey das Material Mitte November 1980 für das Album, das später als „Stop and smell the roses" veröffentlicht wurde – doch am 8.12.80, zwei Monate nach seinem 40. Geburtstag, wurde er ermordet. Da kommt noch eine ganz andere Dimension von Leben und Tod und gefüllter Lebenszeit dazu.[62]

Viele Leute kritisierten John, als er sich ins Private zurück zog. Als er „zurückkehrte", reflektierte er es in „Watching the wheels". "When I say that I'm okay Well, they look at me kinda strange Surely you're not happy now You no longer play the game… I'm just sittin' here watchin' the wheels go round and round I really love to watch them roll No longer ridin' on the merry-go-rounds."

Der hektische Musikbetrieb ist nicht das wahre Leben. Er wollte sein Leben selbst bestimmen und konnte es sich auch leisten.

---

[61] Jack Yellen lieferte auch den Text zu „Ain't she sweet", der ersten echten Beatles-Aufnahme bei mit der Session mit Tony Sheridan in Hamburg, allerdings mit Pete Best an den Drums.

[62] Das Lied wurde nur auf einer Anthology von John publiziert.

12 Der Zebrastreifen

War es Faulheit? Wollten die Beatles nur schnell einen Fototermin hinter sich bringen? Wie immer, das Ergebnis war witzig und fand viele Nachahmer, wie bei Sgt. Pepper. Selbst Paul ahmte das Cover nach, bei seiner CD „Paul is live". „Live" spielte auf die Todesspekulationen an: Paul barfuß, George in Weiß, Autokennzeichen „if"…

Beim Live-Auftritt auf dem Dach im Januar spielte die Polizei am 8. August mit. Früh um Ten o'clock erschien ein Bobby und leitete den Verkehr um, für zehn Minuten. So konnten die Helden ihren letzten Gang antreten.[63]

Witzig ist der fünfte „Beatle" im Hintergrund, ein echter Beetle, die englische Version des Käfers. Paul organisierte ihn sogar für sein Remake. Mit diesem Käfer hielt selbst der alte Golf von Kardinal Ratzinger (Papst Benedikt XVI) nicht mit. Er ist eine Ikone.

Die FAZ recherchierte schon nach 40 Jahren: „Abbey Road": ein Auto, VW-Käfer, Typ 1, Baujahr 1967, pastellweiß. Als am 8. August 1969 John, Paul, George und Ringo über den Zebrastreifen der Londoner Abbey Road marschierten, parkte der Wagen unscheinbar im Hintergrund – und gelangte so auf das Cover. Der Historiker des Automuseums Wolfsburg (VW), Eckberth von Witzleben ersteigerte 1999 das Auto für seinen Arbeitgeber. Zuletzt hatte das Auto einem amerikanischen Beatlesfan gehört, der es dem ersten Eigentümer, einem Anwohner der Abbey Road, in den Siebzigern abgekauft hatte. Von Witzleben zahlte 34.160 DM. 1967 hatte der Käfer nur rund 4000 Mark gekostet. Es kursierte das „Paul is dead"-Gerücht. Dass McCartney die Zigarette in der rechten Hand hält, obwohl er Linkshänder war, gilt als Indiz. im Nummernschild („LMW 28IF") des Käfers lesen Verschwörer: „LMW" stehe für „Linda McCartney Widow" oder „Linda McCartney Weeps"; „28IF" wurde als Hinweis

---

[63] Daily Mail, The Beatles S.363; Rolling Stone 10/2019 S.47

darauf gedeutet, dass Paul in jenem Jahr 28 Jahre alt geworden wäre, wenn („if") er nicht gestorben wäre."[64]

Hinzu kam, dass Ringo Starr schwarze Kleidung trug – genauso wie ein Bestatter. Und John Lennon schritt „ganz in Weiß" voran, wie der Anführer eines Hindu-Trauerzugs – hatten die Beatles nicht einige Zeit in Indien verbracht, wurden sie nicht geprägt von der indischen Kultur? Eben! All das konnte doch kein Zufall sein.

Paul erklärte seinen Barfuß-Gang, dass er nur Schlappen anhatte, die er kurz mal abstreifte. Beim Sgt. Pepper Album war es ja der E-Bass aus Blumen, der als Grabschmuck interpretiert wurde. Mit Elvis geschah das Gegenteil. Nach seinem Tod kursierten immer wieder Gerüchte, das wäre ein Fake. Er würde inkognito noch leben.

Johns weißer Anzug wurde nicht diskutiert, aber gerade diese weiße Kleidung war ihm immer wieder wichtig, mitunter auch im Partnerlook mit Yoko. Während ein weißer Smoking zur Berufsausstattung von Zuhältern gehörte, stellte er sich hier eher auf die Seite der Künstler. Er bildete das Gegenstück zu den Existentialisten, die sich gezielt schwarz kleideten, was manche Rockkünstler übernahmen. Gerade in den Hamburger Tagen, als sie auch viel mit Astrid Kirchherr und existentialistischen Studenten zu tun hatten, spielte schwarze Kleidung eine ideologisch Rolle – parallel zum Rockergehabe mit Lederkleidung und Stiefeln .

Ringos schwarzer Anzug kennzeichnet ihn nicht als Besucher einer Bestattung oder gar als Bestattungsunternehmer („undertaker"), sondern gehörte ebenso wie seine schwarzen Schuhe zu Alltagskleidungen in London. Jugendliche würden sich jedoch am ehesten an George orientieren mit seinen lässigen Bluejean, die seit einigen Jahren in Mode waren. Alles in allem ist vom Hamburger Image der

---

[64]Frankfurter allgemeine 7.8.09

Reeperbahnband nichts zu sehen, ebenso wenig Anklänge an die Flower-Power-Zeit, die sich bei „Magical Mystery Tour" finden. Im Hintergrund die s.

vor den Studios

LP-Cover: Fußzehen zum Größenvergleich.
Rückseite: der Original-Preis: Statt 2 Pfund 9 nur 1 Pfund 85.
Wer ist eigentlich das Mädchen auf der Rückseite des Covers?

Im Kontext: Dylan, "The Who", Isle of Wight

Beatlesfieber auf der Isle of Wight im August 1969. George Harrison erschien, um seinen Freund Robert Zimmermann, genannt Bob Dylan zu erleben. Tags darauf folgten John und Ringo, jeweils mit ihren Frauen. Keith Richard tauchte ebenfalls auf. Wenn drei Beatles da waren und ein großes Konzert anstand, dann könnte doch auch noch der vierte Beatle kommen und es gäbe das erste Konzert seit San Francisco 1966.

So lief es nicht. Dylan sang und die Mitglieder der Beatles genossen das Konzert. George ließ sich sogar von Dylan inspirieren, einen Song namens „Behind that locked door" zu schreiben, den er dann auf „All Things Must Pass" platzierte.

Dylan selbst war seit seinem schweren Motorradunfall vor drei Jahren ebenfalls fast nicht mehr aufgetreten. Es war eine Art Comeback. Beim Woodstock-Konzert Anfang August hatte er abgesagt, obwohl er praktisch hätte hinlaufen können. Er wohnte in Woodstock. Hier auf der idyllischen Isle of Wight fühlte er sich wohler.

Immerhin präsentierte er mit „The Band" auch „Like A Rolling Stone" in Anwesenheit des Rolling-Stones Keith Richard. Es sollte noch einige Jahre dauern, bis er dieses Lied mit den Stones öffentlich vortrug. Das wurde ein eigenartiger Auftritt, denn er teilte sich den Gesang mit Mick Jagger und der schaute ihn während des Singens immer wieder seltsam an, als ob Dylan sein eigenes Lied nicht wirklich könnte.

Auf der Bühne tauchten auch „The Who" auf, quasi die Nummer Drei der Rockwelt. Sie interpretierten ihre „Rock-Oper" „Tommy". Sie boten eine tolle Show, aber für die Beatles steckte darin nichts Inspirierendes. Tommy entpuppte sich als Versuch, ein thematisches Rockwerk zu schaffen, aber es wurde zugleich zur Sackgasse.

Drei Beatles saßen nahe beieinander im Publikum. Doch zehn Tage zuvor hatten sie die gemeinsame Arbeit eingestellt. Da trafen sich die „Fab Four" zum letzten Mal im Studio und überarbeiteten ihre anstehende Platte.

13 Die Rückseite

Die Rückseite des Albums war wie ein eigenes Stück gestaltet, fast wie eine Symphonie. Mit diesem „Medley" hatten sie die Idee des „Album" gesprengt. Ursprünglich bestand ein „Album" aus mehreren Singles, die beim Plattenspieler auf einen Stab gesteckt wurden. Nach jedem Song ging der Tonarm zurück und die nächste Single fiel herunter.

In den früheren Siebzigern nutzte ich diese Möglichkeit, das zu erleben, was mir heutzutage ein Sampler bietet: Ich sortierte mir zehn Singles und hörte sie genüsslich an, während ich an einem Bild malte oder einen Krimi las. Die Zusammenstellungen variierte ich, die Künstler auch. Das war gegenüber den LPs ein echter Vorteil. Bei dem „Abbey-Road"-Medley aber hätte es nicht funktioniert. Die B-Side der LP schien eine Einheit zu bilden, die als Single nicht funktionierte. Das merkt man, wenn man die CD als MP3 Stücke auf einen Stick speichert, dann abspielt und der Computer sie automatisch nach dem Alphabet ordnet. Furchtbar!

John Lennon kritisierte dieses Medley, da ihn die Einbettung durch Orchester abtörnte und er lieber bei den klassischen Rock-Songs blieb, die etwa drei Minuten dauerten.

Die Einheit der Rückseite der LP wird durch den Sound gewährleistet. Gitarren und Stimmen harmonieren und Ringos prägnantes Schlagzeug gehört zur Einzigartigkeit der Zusammenstellung. Bei den Konzerten von McCartney fällt auf, dass die an sich phantastischen Drummer niemals so genial wirken wie Ringo. Das Stichwort ist eben „genial" und nicht „perfekt".

Das erste Stück scheint noch nicht einmal zum „Medley" zu gehören, aber es passt ohne Einschränkungen dazu.

14 Here comes the sun

„Here Comes The Sun" bildete Georges zweiten Beitrag auf dem Album. Es wurde sein zweiter Evergreen auf dieser Platte. Was für ein Stück! Vom Konzept her schien er das Gegenteil von „Something". Leicht und akustisch. Sein Schlussteil animierte John, der bei den Aufnahmen von „Here comes the sun" nicht dabei war, das Lied weiterzuspinnen. Daraus entwickelte sich „Sun King". Insofern könnte man sagen, dies wäre die zweite Harrison / Lennon Komposition. Sie befindet sich auf dem historisch letzten Beatles-Album, während die offiziell einzige (und erste) Zusammenarbeit auf der ersten LP mit Tony Sharidon in Hamburg, die bei Polydor erschien, zu hören ist: „Cry For A Shadow". Damals orientierten sich die beiden Gitarristen der kurzfristig von Produzent Bert Kämpfert in „Beat-Brothers" umbenannten Band an der Gitarrencombo „The Shadows".

John wirkte also bei dem auf der LP erschienen „Here Comes The Sun" nicht mit, aber er taucht in der „Wirkungsgeschichte", bei „Sun King" auf. George wiederum veröffentlichte neun Jahre darauf „Here Comes the Moon", wo seine Stimme aber bereits in der unendlichen Weinerlichkeit angekommen war. Beim Vortrag auf dem „Concert for Bangladesh klang George schon nicht mehr entspannt. Aber das Arrangement am 1.8.71 klang angenehm akustisch.

George erzählte zum Song: "It was written on a nice sunny day this early summer, in Eric Clapton's garden. We'd been through hell with business, and on that day I just felt as though I was sagging off, like from school, it was like that. I just didn't come in one day. And just the release of being in the sun and it was just a really nice day. And that song just came. It's a bit like If I Needed Someone, you know, like that basic sort of riff going through it is the same as all those 'Bells Of Rhymney' sort of Byrd-type things."[65]

Die überraschenden Rhythmuswechsel im Song sind den Ausflügen von George in die klassische indische Musik zuzuschreiben. Den Rhythmusteil nahmen George, Paul und George am 7. Juli auf. Bei den Überarbeitungen fügte George beispielsweise einen Monat später ein Gitarrensolo bei, das er mit einem Leslie-Lautsprecher produzierte.

Das Lied selbst entstand auf der Flucht von George vor den nervigen Geschäftsszenarien, die John und Paul arrangierten, die aber nötig waren, da die Beatles sich immer wieder hatten ausbeuten lassen. Aber George wollte seine Ruhe und floh zu Eric Clapton. Geschäftsmann zu sein war für ihn wie der „Winter": „Die Befreiung, all diese dämlichen Buchhalter nicht zu sehen, war wunderbar, und ich ging mit einer von Erics akustischen Gitarren durch den Garten und schrieb ‚Here Comes The Sun.'"[66] Das er auch noch eine depremierende Verhaftung wegen des Besitzes von Marihuana hinter sich hatte, trägt zur depressiven Stimmung bei.

Die Sonne scheint. Er sagt: Das ist gut so. Er hat das Gefühl, als hätte die Sonne seit Ewigkeiten nicht mehr geschienen. Wann war das wohl, als er sich zum letzten Mal so richtig wohl fühlte? Der lange, kalte und einsame Winter bezieht sich wohl auch auf die Heimstätte „Beatles", die lange funktionierte, aber jetzt keine Geborgenheit und Wärme mehr ausstrahlte. Die Sonne aber bringt Lächeln in die Gesichter zurück. Da gehen seine Gedanken schon ein Stück weit weg von der eigenen Situation. Er öffnet die Augen für seine Mitwelt und merkt, wie auch dieser die Frühlingssonne gut tut.

Er spürt, wie das Eis langsam schmilzt. Welches Eis? Es wird sich weniger auf das Eis in den Bergen bezogen haben als vielmehr auf

---

[65] http://www.beatlesinterviews.org
[66] G. Harrison, I me mine

das Eis, das in seinem Herzen entstanden war. Jetzt kann er wieder klar fühlen.

In dieses Lied müssen wir nicht viel hineininterpretieren, denn es lässt sehr viel anschwingen. Mag sein, dass es eine biographische Auslösesituation gab, aber für den unbefangenen Hörer wirkt das Lied wie Sonnenstrahlen. Das liegt auch an der klaren Gitarrenbegleitung und den unaufgeregten, aber hervorragenden Läufen.

Das Londoner Observatorium in Greenwich

Meteorologisch passte das Thema „Sonne" auch, denn der April 1969 schrieb in London für die 60er einen Rekord, ebenso waren Februar und März für die 60er extrem kalt, wie die Wetterstation Greenwich festhielt.

Das Intro ist ungewöhnlich lang und gitarrenbetont wie bei einem Folksänger. Dann setzt sofort der Refrain ein. Ringos Schlagzeug wirkt extrem selbstverständlich und natürlich. Er gibt dem Lied einen Drive und wirkt fast schon unhörbar, so eingebettet sind die Drums. Bei der Bridge wirken die Gitarren stärker als die Stimme, wie ein Instrumental. Ringo steuert ausgesprochen reichhaltige Fill-Ins bei, ohne dass dadurch die Bridge unruhig wird. Der Moog-Syntheziser sticht nicht heraus, bringt aber Töne, die von Vögeln stammen können, ohne dass sie Gezwitscher vortäuschen. Ungewöhnlich für ein Beatles-Stück ist der elaborierte Schluss, der zunächst auftrumpft, dann aber zur einfachen Gitarre des Intros zurückkehrt.

Zum Ärger von George Harrison Erben spielte Ivanka Trump den Song bei der Republican National Convention 2016 zur Unterstützung von Donald Trumps Wahlkampf. Die Familie Harrison tweetede im Stile Trumps, des furchtbaren Zerstörers: "If it had been Beware of Darkness, then we MAY have approved it! #TrumpYourself."[67] Gut pariert!

15 Because

Am 1. August 1969 fanden sich alle vier Beatles im Aufnahmestudio ein. Diese Session wie auch die folgende hatte es in sich. Ein dreistimmiges Lied wollten sie aufnehmen. Die Stimmen sollten nahezu symphonisch wirken. Sie arbeiteten hochkonzentriert, um ein vokales Meisterwerk zu schaffen. Alles sollte passen und am Ende passte es auch. Aus den drei Stimmen machten sie letztlich durch weitere Aufnahmen neun. Der Gesang musste präzise sein. Ringo brachte sich „nur" durch die Hi-Hat ein. Aber er war unverzichtbar, um ein sauberes Stück abzuliefern. „Because" klingt unisono, ist aber polyphon und bringt noch einmal die absolute Ausnahmequalität der Beatles zu Gehör.

Der Text erscheint in einem banalen Gewand. „Because the world is round" klingt trivial. Die "Bee Gees" schmachteten bereits 1967 in ihrem Hit „World": „Now, I found, that the world is round and of course it rains everyday." Dieser Satz enthielt typische „Bee Gees"-Sinnfreiheit. Die „Bee Gees" überzeugten durch die Präsenz ihrer

---

[67]"George Harrison Estate Addresses RNC's Use Of 'Here Comes The Sun' To Introduce Ivanka Trump". Stereogum. Retrieved 23 July 2016.

Stimmen. Dazu mussten keine Inhalte mehr kommen und daher verzichteten sie meist auf Stringenz. Das ist nicht die schlechteste Stilform für Popmusik, die oft nur Banalität als Alternative enthält.

Auch Johns „Because" wirkt sinnfrei. Erst bei aufmerksamem Zuhören entdecken wir seine Assoziationslyrik. Die Welt ist rund und dreht sich. Aber es bleibt nicht beim „turn" der Erdkugel, sondern „turns me on". „Sie macht mich an", aber wir assoziieren auch Dope und das Verbot von „A Day In The Life" bei BBC, weil „turn" auch als „antörnen" durch Rauschmittel verstanden werden könnte.[68] Dabei klingt die Musik durchaus ätherisch.

Neben dem Cembalo (George Martin), das Lennons Gitarrenläufe begleitet[69] sind lediglich die Stimmen der drei Sänger John, Paul und George zu hören, durch technische Tricks sogar jeweils dreimal, es erklingt ein neunstimmiger Gesang. Der polyphone Gesang schwebt. So chorisch haben die drei schon lange nicht mehr zusammen gearbeitet. Ein klassischer Höhepunkt ihres dreistimmigen Singens war „This Boy", bei den Live-Konzerten beeindruckend.

Die nächste Strophe erinnert an Rauschmittel, denn der „Wind" ist „high". „High" war eines der Lieblingswörter jener Zeit. Dazu reichte eine Brise Haschisch. Brise? Wind? Der Wind bläst, aber „blow my mind" heißt auch: Der Verstand wird durcheinander gewirbelt. Nach wie vor klingt es wie sanfte Chormusik mit einem barocken Instrument.

Auch anschließend wartet der Dichter mit einer Banalität auf: „Love is old"... Klar. „Love is new" scheint nur das Wortspiel von „alt" und „neu" zu sein. Andererseits ist Yoko seine immer noch neue Liebe. Und so führt er das Lied auch fort. „old" wird durch „all" ersetzt. Das klingt fast schon homophon: „Love is old / all". Aber die eigentliche Klimax ist „you". Es klänge banal, würde er singen

---

[68] zum BBC-Zitat siehe Schoßwald, Die Sgt. Pepper Generation S. 87
[69] Ringos unhörbarer Beitrag: Er spielte auf der Hihat das Tempo.

"I love you". Aber er singt „Love is you". Bei George wären solche Formulierungen vermutlich religiös. In der Tat verfügt „Liebe" über eine religiöse Komponente.[70]

In Johns Erfahrung mit der Liebe entdecken Außenstehende Fragwürdiges. Wir können bei John und Liebe erst einmal an seine Mutter Julia denken – ambivalent, seinen lange verschwundenen Vater Alfred, der das Kind aber auch zu sich nehmen wollte, an Mimi, die Ersatzmutter, der für eigene Kinder mindestens der Sex mit dem eigenen Mann fehlte, an Erfahrungen in Hamburg mit „kollegialen" Prostituierten, an die fürsorgliche und wie er kurzsichtige Cynthia, die er wohl nur heiratete, weil sie schwanger war, an seinen Sohn Julian, den er viel väterliche Liebe vermissen ließ. Yoko war eine neue Erfahrung und es schimmert durch, dass sie sowohl die Mann-Frau-Liebesbeziehung hatten wie auch die Mutter-Sohn-Beziehung. „Love is you" wurde so sehr Yoko, dass sie ihre Namen kombinierten und es Cover etc. gibt, wo mittels Computertechnik ihre Gesichter ineinander übergehen, sich ineinander verwandeln.

George meinte 1969 zum Song: "'Because' is one of the most beautiful tunes. It's three-part harmony, John, Paul and George all sing it together. John wrote this tune. The backing is a bit like Beethoven. And three-part harmony right throughout. Paul usually writes the sweeter tunes, and John writes the, sort of, more the rave-up things, or the freakier things. But John's getting to where he doesn't want to. He just wants to write twelve-bars. But you can't deny it, I think this is possibly my favorite one on the album. The

---

[70] In der Bibel, 1. Joh.4,16 heißt es „Gott ist die Liebe". Dieser Satz ist nicht umkehrbar. Er bedeutet nicht „die Liebe ist Gott". Liebe ist ein Attribut Gottes und Gott ist kein natürliches Attribut der Liebe, zumindest beim christlichen Glauben. John formuliert (nicht als einziger) es hier etwas anders, so dass Liebe wirklich zum Gott werden könnte, also zum Herrscher. Darüber ließe sich lange diskutieren, aber das Thema ist für diesen Ort zu komplex. Ich merke nur an: Es ist weder eindeutig, wofür das Wort „Liebe" steht noch wofür die Chiffre „Gott" steht.

lyrics are so simple. The harmony was pretty difficult to sing. We had to really learn it. But I think that's one of the tunes that will impress most people. It's really good."[71]

Der Songaufbau ist typisch für die Beatles: Zwei Strophen, der Refrain, die dritte Strophe. Klassische Popsongs hatten Strophen und Refrain jeweils abwechselnd. Nach dem Refrain, den manche auch als Bridge bezeichnen, weil er nicht wirklich wiederholte wurde, kommt die dritte Strophe. Auf „Welt" und „Wind" folgt „Himmel", „Sky", also der sichtbare natürliche Himmel – während „Love" meist mit „Heaven" korrespondiert. In diesem hübschen Teil setzte George seinen neuen „Moog-Synthesizer" ein.

Der Himmel ist blau – wie es später die „Wise guys" sangen. Das ist hübsch und banal und bleibt es im Deutschen auch. Im Englischen hingegen bedeutet „blue" auch „traurig". Erinnert das Blau des Himmels an Trauer? Freilich kann man auch vor Glück weinen. Wer die lennonsche Lyrik verfolgt, kann es auf sich beruhen lassen. Manchmal macht es einen Dichter auch glücklich, eine solche Assoziation überhaupt wahrgenommen zu haben.

Ob sie ahnten, dass sich ihr gemeinsames Leben dem Ende zuneigte? Und zwar bereits in diesem Monat? Am ersten August nahmen sie dieses Lied auf. Sie arbeiteten extrem intensiv an ihren Stimmen. Dazu gehört viel Gruppengefühl. Das besaßen sie noch und perfektionierten es ein letztes Mal. „Because" ist ein ganz besonderes Stück, weil in den Stimmen mehr von der Person liegt als in den Instrumenten. Es scheint so, dass die konkrete musikalische Arbeit immer wieder in eine andere Welt führte, jenseits ihrer neuen Wege und ihrer Konflikte. „Because" wurde zu ihrem letzten Lied, „it makes me cry". Ringo wirkte durch die Hi-Hat mit, auch wenn sie nur über die Ohrhörer lief und auf der Platte nicht zu hören ist. Er ist real, aber unhörbar präsent.

---

[71] http://www.beatlesinterviews.org

Angeblich orientierte sich John bei der Melodie an der „Mondscheinsonate" von Ludwig van Beethoven („Roll over Beethoven"), die ihm Yoko vorgespielte und deren Akkorde er in ihrem Ablauf umdrehte. Letztlich entwickelten die Beatles aber ihr ureigenes Lied, wie sie es oft machten, wenn sie während der January-Sessions Lieder anderer Leute nachspielten und dann aus Ton- oder Akkordfolgen etwas Neues erarbeiteten. George Martin tat sich am Cembalo schwer, während John die Notenlinie vorgab und es exakt passen musste. Über die Kopfhörer hielt Ringo sie auf Linie.

16 You never give me your money

Vom letzten Song zur offiziell ersten Session für das neue Album: Paul erschien am 1. Juli als Einziger im Studio und setzte sich an „You Never Give Me Your Money". Die Band hatte es schon am 6. Mai intensiv geübt. Das Lied verfügt über eine vielseitige, jazzartige Struktur, wirkt in sich bereits wie ein Medley und wird kurz vor dem Ende des gesamten Medleys während „Carry That Weight" wieder aufgegriffen. Dadurch scheint die Fragmentensammlung letztlich doch zusammen zu gehören.

Das Lied setzt sich aus vier verschiedenen Stückchen rhythmisch und melodiös zusammen. Paul startet locker mit dem Piano. Dann erklingt sein Stimmchen. Später greift die Band ihren chorischen Gesang von „Because" auf. Anschließend mutiert Paul wieder zum Rocker. Nach drei Minuten spielt George ein Gitarrenteil von „Here comes the sun" an.

Angeblich zielte Text auf Alan Klein, der nach dem Willen der anderen drei die Finanzen regeln sollte. Doch von Klein bekamen sie kein Geld.[72] Der Text schwankt zwischen narrativ und dadaistisch. Statt sein Geld gibt das Gegenüber lustige Papiere, etwas wie Spiel-

---

[72]Udo Lindenberg hätte gebrummt: „Du gibst mir niemals Klein-Geld…"

geld. Das könnten unlautere Verträge sein. Mitten in den Verhandlungen bricht der andere zusammen. Solche Vereinbarungen bleiben nicht stabil.

McCartney kontrastiert „You" und „I" einerseits und „Geld" und „Telefonnummer" andererseits. : „Du gibst mir niemals..." „Ich gebe dir niemals..." Keiner der beiden gibt etwas Entscheidendes von sich preis. Paul kommentierte später, es sei das Lied über das Misstrauen in eine Person.

„Ich gebe dir Einblick in meine Situation". Aber was fängt der andere damit an. Es kommt zu Nachforschungen. Wer forscht nach was? Abgesehen vom poetischen Gleichklang "negotiations" und „investigation" könnte es sein, dass Paul tiefer bohrte und feststellte, dass sein Verhandlungspartner (Alan Klein) nicht vertrauenswürdig war.

Die Szene und der Sound wechseln abrupt: Aus dem College kommt er, das Geld ist verbraucht, er hat keine Zukunft, er kann keine Miete zahlen. Sollte das die Situation der Beatles sein, oder zumindest die von „Apple"? Alles Geld ist verschwunden.

Jeder Arbeiter wurde an die Luft gesetzt, got the sack, muss sein Bündel schnüren. Mach dich auf den Weg, such neue Arbeit. Oder geht es nächste Woche am Montag doch weiter? Der gelbe Laster fährt langsam, es gibt kein Ziel.

Monday? Noch klingt im Ohr „Lady Madonna"vom letzten Jahr: "Monday's child has learnt to tie his shoelace..." Auch bei Frau Madonna spielt Geld eine unheimliche Rolle: „Who finds the money when you pay the rent? Did you think that money was heaven sent?"[73]

---

[73] John schrieb für „Girl" die Zeile: "Did she understand when they said, that a man must break his back to earn his day of leisure?" In den Herkunftsfamilien der Beatles spielte das Geld, das man nicht hatte, eine große Rolle. Angeblich sagte Paul, als er vom Tod der Mutter erfuhr: „Und wer verdient nun das Geld für unsere Familie?"

Manche assoziieren bei "yellow lorry" den gelben Bus der Magical Mystery Tour? Auf alle Fälle geht es langsam. Freilich klingt ein Zwiespalt an: „Magic Feeling" contra „Nowhere to go". Das magische Gefühl, wenn die Beatles zusammentrafen und musizierten führt nun ins Nichts.

Er will raus, vielleicht wie damals Ringo in seinen Kraken-Garten. Taschenpacken und ab ins Auto. Weg! Bald sind sie weg! Aufs Gas treten und die Tränen abwischen. Weg sein ist gut, aber mit Trauer verbunden. Ist es die Fahrt ins Blaue mit seiner Linda?

Dazu würde passen, dass ein süßer Traum 1969 wirklich wurde. Die Alternative zu den Magic Four hieß Linda. Das Lied schrieb Paul im März in New York, wo er mit Linda nach der Hochzeit weilte.

Ein Traum? Mit einem Kinderreim endet Paul. Unrealistisch und tröstlich zugleich. Auf Erwachsene wirkt freilich „all good children go to heaven" nur vertröstend, beschwichtigend, sind eben so wenig tragfähig wie die „funny papers", die am Anfang angeboten werden.

Der Song entwickelt seine eigene Dynamik, ohne dass ein Liedteil wiederholt wird. Solche Strukturen kennzeichnen ansonsten die Beatles-Kompositionen. Andererseits scheinen die Beatles sich zu zitieren, wenn sich die Gitarren wie bei „I want you" vereinen oder ein Lauf von „Here comes the sun" unvermittelt anklingt. Zudem greifen sie einen Teil des Songs später bei „Carry that Weight" wieder auf. Die netten Ausschmückungen, die Paul einfügte, Vogelgezwitscher, Grillengezirpe oder Glöckchen lassen den Song abflachen. „One two three four five six seven, all good children go to heaven" wird mit seltsamen Klingeltönen unterlegt. Ich hielt das beim ersten Anhören für Aufnahmefehler. Später vermutete ich einen Fehler bei der Pressung oder am Abtastdiamanten meines analogen Plattenstimmers.

George verwies auf die Strukturen: "Then begins the sort of big medley of Paul and John's songs all shoved together. You have to hear this, because it does like two verses of one tune. And then the bridge of it is like a different song all together." Für Paul schien es ein technisches Vergnügen, eine Spielerei: "We wanted to dabble, and I had a bit of fun making some of the songs fit together, with key changes (into the long medley). That was nice. It worked out well."[74]

Insgesamt überzeugt das Lied im meisterlichen Kontext von „Abbey Road" wenig. Es passte eher auf Pauls erstes Soloalbum. Das Piano klimpert belanglos und seine rockige Einlage wirkt, als wollte er sein „Alter Ego" John imitieren. Es klappt aber nicht.

Eine technische Herausforderung beim Medley stellte für George Martin und Paul der Übergang zum Nachfolgelied dar. Letztlich schuf George Martin einen Ausklang durch die Grillen[75]. Der neue Song setzt mit der Basslinie ein, während das Zirpen weitergeht.

17 Sun King

Nach der harten Feststellung: "You never give me your money" kommt der Sonnenkönig sehr verspielt daher. „Sun King" klingt hippiemäßig und ein bisschen nach Shit: Jeder lacht und ist glücklich. Oder ist der Sun King gar der Dealer?

Unauffällig genuin singen John, George und Paul als Chor. Was sie bei „This Boy" und „Here, there and everywhere" perfekt praktizierten, können sie immer noch bringen. Zu ihren Top-Vorbildern der Anfangszeit gehörten die Everly-Brothers.

Hier wirken die Beatles wieder konstruktiv miteinander. Der Song selbst stammt zwar von John, wie unschwer zu hören ist, ist aber eindeutig angeregt von „Here Comes The Sun". Musikalisch hingegen knüpft er an „Because" mit seinem polyphonen Gesang an. Der Einsatz selbst läuft neben den verzerrten Glöckchen über einen herrlichen Basslauf. Es scheint sich zunächst um ein Instrumental zu

---

[74]http://www.beatlesinterviews.org (1969 / 1988)
[75]Das ist keine Anspielung auf „Buddy Holly & The Crickets".

handeln, ähnlich wie bei „Flying" von „Magical Mystery Tour", wo alle vier als Komponisten angegeben wurden. Ein Stück weit wurde „Sun King" von Peter Greens „Albatros" inspiriert. Die phänomenale Wirkung dieses gitarrenlastigen Hits von Fleetwood-Mac bildete für George Harrison den Grundimpuls. Aber es entwickelte sich ein Beatles-Song.

Wer auf Ringos Schlagzeug bei „Sun King" achtet, merkt, dass es in den Hintergrund gemischt wurde, live aber ziemlich massiv war. Er setzt die Trommeln so markant ein wie bei „Come Together". Prägnant leiten am Schluss die Drums zu „Mean Mr. Mustard" über.

John erzählte 1969: "We just started joking, you know, singing `quando para mucho.´ So we just made up... Paul knew a few Spanish words from school, you know. So we just strung any Spanish words that sounded vaguely like something. And of course we got `chicka ferdy´ in. That´s a Liverpool expression. Just like sort of-- it doesn´t mean anything to me but `na-na, na-na-na!´[76] `Cake and eat it´ is another nice line too, because they have that in Spanish-- 'Que' or something can eat it. One we missed-- we could have had 'para noya,' but we forgot all about it." George kommentierte 1987: "At the time, 'Albatross' (by Fleetwood Mac) was out, with all the reverb on guitar. So we said, 'Let's be Fleetwood Mac doing Albatross, just to get going.' It never really sounded like Fleetwood Mac... but that was the point of origin."[77]

RuvyRed Leadguitarist Martin rekurrierte auf spanische Erfahrungen[78]: „Für mich steht im Vordergrund, dass die Worte corazón, amore und mundo verwendet werden: Herz, Liebe und Welt. Also etwas in Richtung 'Within You Without You'. 'We were talking about the love we all could share. When we find it, to try our best to

---

[76] Er äffte ein spottendes Kind nach: Daadadadaadaa
[77] http://www.beatlesinterviews.org, J. Lennon Abbey Road interview Sept.1969
[78] Interview vom 31.5.19

hold it there. With our love, with our love we could save the world. If they only knew.'

Außerdem hat das Ganze einen besonderen Wert als ein Lied, das wie ein Interlude zu einem Konzeptalbum gewertet werden kann: In ‚The End' singt Paul: ‚and in the end, the love you take is equal to the love you make.' Für mich passt das ins Konzept: ‚Quando para mucho mi amore de filice carazón?' Heißt nix und sie haben sich wahrscheinlich auch nix dabei gedacht, aber ich würde es übersetzen mit: ‚Wie viel meiner Liebe des wunderschönen Dinges namens Herzen gebe ich an viele?' Klingt auch nicht super, aber irgendwo steckt für mich mehr dahinter."

Schauen wir auf ein paar Worte, die aus dem polylingualen Nonsense herausklingen: Mit „Parasol", dem Sonnenschirm taucht ein Stichwort aus dem Titel auf: „Sol", die Sonne. Die Paparazzi spielten für die Beatles eine große Rolle, weil sie durch sie als Stars wahrgenommen, zugleich auch vereinnahmt wurden. „Chicka ferdy" soll Liverpooler Slang mit Bezug auf ein leichtes Mädchen sein. „Carousel" steht für eine besonders leckere englische Schokolade.

"Sun King" klingt sehr nach John Lennon, klingt sehr nach "The Beatles 69" und textlich nach dem Subtext "dada". Vom Sonnenkönig zum Herrn Senf? Wir bleiben in der Farbe „gelb" und wir bleiben skurril.

18 Mean Mr Mustard

Bei „Mean Mr. Mustard" schicken uns die Fab Four, angeführt von John, nach Indien, wo sie ihren Meditationstrip verwirklichen. John schrieb das Lied bei den senffarbenen Indern. Als sie es in London aufnahmen, gab es dort eine große indische Population, ein Erbe des Commonwealth. Zwar profitierte England von seinen Kolonien wirtschaftlich nachhaltig, schätzte aber deren Bewohner nicht gleich. Wenn es heute um den Brexit geht, glauben die Brexit-Befürworter offenbar, die einstige Größe Great-Britans sei durch England begründet. Das zeigt einen völlig schiefen Blick auf die Wirklichkeit, da Great-Britan seine Kolonien ausbeutete und seine Stärke nur dadurch erhielt und keineswegs durch das tolle England.

Der Song zeigt Lennons faschistoide Seite, die auch an seinem Umgang mit Frauen oder Brian Epstein wahrzunehmen ist. Oft genug scheinen Menschen mit faschistischem Verhalten das Gefühl zu haben, zu kurz zu kommen; oft genug mag dies objektivierbar zu sein. Das entschuldigt kein menschenverachtendes Fehlverhalten. Aber erklärt: Wenn ich verachtet oder gar nicht beachtet werde, dann wende ich dies auch gegen andere. In Lennons Biographie lassen sich solche Motive erkennen, etwa durch seine Mutter und seinen Vater[79]. Das Faschistoide bei „Mean Mr. Mustard" liegt im fremdenfeindlichen Bereich: Es wendet sich gegen den, der anders ist.

Der „Mustard" enthält seine Verunglimpfung. Herr „Senf" ist ein Inder. Seine Hautfarbe diskriminiert ihn. Zwar stammt der Song vom Indienaufenthalt der verunsicherten Fab-Four, aber in London begegneten sie ebenfalls vielen Menschen aus der Ex-Kronkolonie, dem indischen Subkontinent.[80] Bei den Proben im Januar 1969 stimmte Paul ein Lied gegen die Pakistani in England an. Im Nonsense-Text von „Get back" ist die Xenophobie getilgt.

"Mean Mr. Mustard" stammt aus Zeiten der Reise zum Maharishi nach Indien. John erzählte, er hätte in der Zeitung von einem armen

---

[79] Alfred Lennon tauchte für Johns erste Lebenszeit ab, agierte aber nach dem gigantischen Erfolg seines Sohnes sogar als Sänger. Obwohl John ihn hinauswarf, als er wieder auftauchte, hielt er doch in der Sterbenszeit seines Vaters telefonischen Kontakt mit diesem. Auch gab es eine Zeit, wo er zwischen Mutter und Vater zerrissen wurde, sein Vater ihn als Sechsjährigen sogar „entführte", um mit ihm nach New-Zealand auszureisen. Julia hinderte ihn mit ihrem neuen Partner daran. In dieser Zeit bis ziemlich in die Gegenwart hatten Väter die schlechteren Karten, wenn es um das Sorgerecht für ihre Kinder ging.
[80] 1967 nahmen sie Gandhi aus dem Cover, weil die Firma politische Probleme fürchtete. V. Schoßwald, „Die Sgt.-Pepper-Generation" S.75f

Mann gelesen, der sein kleines Geld versteckte,[81] damit ihn niemand dazu bringen konnte, es auszugeben.[82] Wir müssen uns dazu indische Slums vorstellen. Übrigens erschien „Abbey Road" im Jahre der Mondlandung. Derzeit arbeitet Indien forsch an einem Mondlandeprogramm, während im Land größte Armut herrscht.

Den „mean old man" siedelte John in England, vermutlich London an. Schon das Wort „mean" hat ein großes Bedeutungsspektrum. Das geht von „durchschnittlich" über „gemein" bis „hinterhältig".[83]

Erneut agiert der dadaistische Szenenerzähler. Der gemeine „Herr Senf" schläft im Park, ein Penner – weder für Indien noch für London untypisch, wir siedeln ihn in einem Londoner Park an. Er rasiert sich im Dunkeln – als wolle er nicht zu dieser Welt gehören und die Dunkelheit ist quasi seine Badezimmertür. Dadurch will er Papier sparen. Papier passt nicht unbedingt zum Rasieren, aber es könnten Zeitungen sein, mit denen er sich bedeckt. Oder will er Anlagepapiere retten? Auf einmal schläft er in einem Loch auf der Straße. Die Szene wird surrealistisch und das Wort „hole" lässt „A Day In The Life" assoziieren, wo Straßenlöcher gezählt werden und man am Schluss weiß, wie viele Löcher man braucht, um die Albert Hall zu füllen. Der Penner spart, um sich neue Kleider zu kaufen. Aber neue Kleider passen nicht zu einem Penner. Er hält einen Zehn-Schilling-Schein vor seine Nase.

---

[81]"I'd read somewhere in the newspaper about this mean guy who hid his five-pound notes, not up his nose but 'somewhere else.' No, it had nothing to do with cocaine." 1980 http://www.beatlesinterviews.org

[82]Da kenne ich manche Geschichte, etwa die meines Urgroßvaters, einem Türmer im oberösterreichischen Freistadt. Der arme Mann landete am Ende seiner Tage im Armenhaus. Seine Söhne versuchten aus der Ferne, ihn zu unterstützen. Aber vieles von dem, was er von ihnen erhielt, sammelte er „für schlechtere Zeiten". Der arme Mann starb an Unterernährung. Er verhungerte, weil er sich das Notwendigste vom Leben vorenthielt – von Luxus mal zu schweigen.

[83]gemein, durchschnittlich, fies, geizig, armselig, kleinlich, niedrig, schäbig, niederträchtig, knauserig, karg, hässlich, schuftig, knickerig, gehässig, abscheulich, schofel, lumpig, hundsgemein, schoflig, hinterhältig

Die zehn Schillinge stehen für ein halbes englisches Pfund. Der Zehn-Schilling-Schein wurde just 1969 abgeschafft. Endgültig aus dem Verkehr gezogen wurde er 1970. Die Szene gewinnt dadurch an Irrealismus. Ten-Bob gibt es nicht mehr in der Zukunft, für die der Senfmann spart.

Wie wird der Schein gehalten? Vor seine Nase? Da assoziieren wir eine Wurst an einer Schnur, die vor der Nase eines Hundes baumelt und immer, wenn er schnappt, wird die Schnur hochgezogen. Oder der Hund, dem man einen Stock auf den Kopf bindet und am Ende eine Wurst befestigt: Er will zur Wurst rennen, aber wie schnell er auch rennt, die Wurst holt er nie ein. Das wäre dann ein interessantes Beispiel für die Relativitätstheorie von Albert Einstein.

Im Refrain erhält der „mean" man ein „old". Das macht aus diesem Männchen ein abstoßendes Wesen, einen Spanner, ein Grapscher. Prompt erscheint die weibliche Seite.

Pam ist Mustards Schwester. Ursprünglich nannte John sie „Shirley"[84]. Auf wen er damit anspielte, blieb offen. „Pam" wurde sie bei der Suche nach einem Übergang zu „Polythene Pam". Er beschrieb Pam als arbeitswütig, da wird sie das Opfer seiner Sprachspiele, denn zu „shop" passt „stops". Das führt zu dem herrlichen Klangwort Go-Getter, eine, die immer am Laufen ist. Ein Tatmensch, eine Draufgängerin. Vielleicht kannte er den Film „Go-Getter", wo sich ein Ex-Soldat als Geschäftsmann durchkämpfte. An dieser Stelle verknüpft John die Geschichten der beiden Geschwister, weil Pam ihren Bruder Mr. Mustard mitnimmt, um die Queen zu sehen.

Wir stellen uns einen Besuch im Eingangsbereich des Buckingham Palace vor. Die Bürger einer Monarchie finden sich ein, um die beliebte Königin, die für keine politischen Inhalte steht, zu sehen. Beatles-Fans assoziieren Szenen aus „Help", wo die Beatles im Buckingham-Palace ein Attentat auf die biberfellmützenbewehrten

---

[84]Das hört man auf den Esher-Tapes, Probeaufnahmen für „Abbey Road".

Wachen miterleben. Für Mr. Mustard ist es der einzige Sight-Seeing-Platz, den er je besuchte. Angesichts der Welttourneen der Beatles ein echter Kontrast. Ob John Lennon je aus der Provinzialität herauskam, ist schwer zu erkennen.

Freilich: Mr. Mustard bleibt ein Assi, der er immer etwas Anstößiges ruft. Nicht nur ein gemeiner alter Mann, sondern ein dreckiger alter Mann.

In seinem Drive entwickelt John die Geschichte nach vorn, aber er bringt wenig Überraschendes. Der Reim von „been" und „obscene" wirkt aus poetischer Sicht unüberprüft. Dem Dichter reicht es, einen schmutzigen Mann entwickelt zu haben. Das passt zur Diffamierung des „Senf"-Mannes. Die Szenerie wirkt realistisch, aber der Autor bleibt Teil dieses dreckigen alten Mannes. Vielleicht steckt etwas von diesem dreckigen alten Mann auch in ihm? Yoko

Ono kolportierte[85], dass John ihr seine sexuellen Phantasien ungehemmt eröffnete und dazu gehörte, mit einer alten Frau zu schlafen, deren Venen man durch die Haut scheinen sehen konnte und die dann mit Schmuck bekleidet werden sollten. Irgendwie war auch er ein „dirty old man".

Als Jugendlicher gefiel mir dieses Lied, weil es einen von diesen braunen (politisch!) alten Männern zu entlarven schien. Seine Schwester Pam fand ich nur banal.

Nahtloser Übergang

Anscheinend geht der gemeine Herr Senf nahtlos in die Polyethylen-Pamela über. So sauber arbeiteten die Tontechniker. Eigentlich bestand der Übergang aus „Her Majesty". Das wurde rausgeschnitten und hin angehängt. Aber der letzte Akkord von Mr. Mustard klingt beim Anhängsel noch nach und der letzte Akkord Ihrer Majestät klingt vor Polythene Pam an.

Nach der ursprünglichen Anordnung vom Juli 1969 wäre „Her Majesty" eine Stichwortassoziation zur Aktion von Mr. Mustards Schwester Pam[86], ihn zur öffentlichen Besichtigung der Queen mitzunehmen, gewesen.

---

[85] Norman, John Lennon

[86] 1969 ahnte niemand, dass der Sohn der Queen Lady Diana heiraten würde, die nach ihrem Tod nahezu heiliggesprochen wurde. Bei ihrer Beisetzung sang Elton John (der sich nach John Lennon benannte) „Candle In The Wind", das er für Norma Jean, bekannt als „Marilyn Monroe" geschrieben hatte. Am Tag vor Lady Di's Beisetzung verstarb die echte Heilige, Mutter Theresa, was die Berichterstattung über Lady Dianas Bestattung erheblich in Wanken brachte. Der toten Diana wurde ein Rosenkranz in die Hände gelegt, den sie von Mutter Theresa geschenkt bekommen hatte die Nachfolgerin von Diana bei Charles (sie wurden geschieden) war Pamela, seine echte Liebe. Nun hat die Queen doch eine **Pam**. Mutter Theresa wurde am 4.9.16 heiliggesprochen; am 51. Todestag von Albert Schweitzer.

19 Polythene Pam

Bei "Polythene Pam" entführt uns John ausgehend von einigen Erlebnissen, die mit Polyethylen und Frauen zu tun hatten, in eine Dada-Welt, durchsetzt mit Verfremdungen. John stößt immer wieder neue Bilder an, so dass verschiedene Geschichten entstehen.

Mitunter schrieben John und Paul gemeinsam ein Lied, vor allem in ihren Anfangszeiten. Später lieferte häufig einer der beiden eine Vorlage, die der Partner komplementierte[87]. Am krassesten wirkt dies bei „A Day In The Life" auf Sgt. Pepper, wo Pauls Teil mit dem Weckerklingeln einsetzt.

Ungewöhnlich gingen sie bei „Polythene Pam" und "She Came In Through The Bathroom Window" vor. Die Titel verarbeiteten sie nicht ineinander, sondern hängten sie aneinander, produzierten sie aber in einer gemeinsamen Session.

In Polythene Pam skizziert John mit wenigen Strichen den Charakter einer Frau. Seine schnelle Zeichnung erinnert an die Kunstakademie, die John und Paul besuchten. Freilich wirken seine graphischen Karikaturen ganz anders.

Er beginnt mit einer Irritation. Pam sieht gut aus, aber zugleich wie ein Mann. Das Thema fanden wir schon in der Vorgeschichte zu „Get Back" mit „Frying Pan" und später „Sweet Loretta Martin". Steckt in Johns Phantasie etwas Homoerotisches? Offen ist, ob Lennon diese Seite auslebte. Manche unterstellten ihm eine Affäre mit Brian Epstein[88], den er später oft genug gehässig als gay Jew, zu Deutsch „schwuler Jude" diffamierte. Er transportierte mit „schwul" und „Jude" gleich zwei Feindbilder der bigotten Mittelschicht. John's Love&Peace-Attitüde darf nicht über seine faschistoiden Charakterzüge hinweg täuschen. Sowohl John wie auch Yoko würde

---

[87] V. Schoßwald, Die Sgt. Pepper Generation, S.89f.
[88] H. Davis S. 49. Ähnliches wurde auch dem jungen Picasso nachgesagt

ich unterstellen, dass sie auf den Peace-Zug aus Gründen der Selbstdarstellung aufsprangen.

Polythene Pam charakterisiert er als ein Girl, das sich mit einer Plastiktüte bekleidet. Polyethylen ist der weltweit am meisten verbrauchte Kunststoff (38%). In 69er Interview spricht er „drag" richtig dreckig aus, ebenso wie „bag" und bringt vor allem den Gleichklang zum Ausdruck. Johns „Bagism" mit Yoko begann erst später.

Später assoziierte er, Pam wäre eine Putzfrau oder eine Wäscherin, im Kilt und mit Boots. Das Cambridge Dictonary definiert jackboot als "a long boot that covers the leg up to the knee, especially as worn by Nazis". Der Hinweis auf die Nazis ist verdächtig. John war durchaus Nazi-affin. Die kurze deutschsprachige Kriegsszene in „A Hard Day's Night" in der Badewanne mit deutschen U-Booten schien ihm großen Spaß zu machen. Der „Kilt" wiederum gehört in die Richtung seiner Heimat. Er gilt manchen als Kampfeszeichen gegen die unterdrückenden Engländer, dem Prince of Wales Charles im Kilt zum Trotze.

„Killer-Diller" zitiert einen Musik-Film von 1948 mit einer Frau mit wertvollem Schmuck. Das Doppelwort ist eine Klang-assoziation ohne konkreten Inhalt von „Diller". Das fügt sich in Lennons assoziative Poesie.

„Jackboots and kilt" können der Attraktivität dieser Dada-Frau nichts anhaben, im Gegenteil: Sie repräsentiert den Typ von Mädchen, der in den Neuigkeiten aus aller Welt auftaucht. Die Schuhe und der Kilt würden bei anderen Mädchen nicht wirken, ihre tolle Figur gehört dazu. Man spürt, wie lustvoll John von dieser Frau singt und wohl die anderen auch ansteckt.

Der Kontext von Polythene Pam scheint nicht jugendfrei. John bezieht sich indirekt auf eine Geschichte von 1963. 1963 lag lange zurück, aber sexuelle Krassitäten sind nicht Neues[89]. Damals hatten angeblich der Beat-Poet Roston Ellis und seine Freundin Stephanie mit Lennon ein Sex-Erlebnis zu dritt in einer Plastiktüte. "She didn't wear jackboots or kilts, I just sort of elaborated. Perverted sex in a polythene bag."[90] Jackboots und Kilts waren Kennzeichen der Wäscherinnen, nicht nur in Liverpool.

Polythene Pam ähnelt auch Pat Dawson aus dem frühen Fankreis der Beatles in Liverpool. Sie schnabulierte Polythene wie eine Droge – in Streifen geringelt oder gar „geröstet".

Bei „Polythene Pam" klingt eine John&Yoko-Aktion an. Die beiden veranstalteten angebliche „Peace"-Actionen als „Bed-In" oder „Bag-In". Im Toronto-Konzert der Plastic Ono Band[91] verhüllte sich Yoko mit einer Plastiktüte. „Plastic Ono" oder gar „Polythene Ono"? Das Bag-In zelebrierten sie in Vienna, zu Deutsch Wien.

---

[89] Das sollten Leute wie Benedikt XVI registrieren, der 2019 unverfroren behauptete, die Kinderschändereien durch katholische Priester seien durch die sexuelle Revolution bedingt gewesen. Eher ist der Zwangszölibat als solcher pervers. Immerhin war der Vater von Kardinal Ratzinger, dem späteren Papst Benedikt XVI ein Nazi-Polizist. Ratzingers Bruder leitete den Regensburger Knabenchor, in dem es sexuellen Missbrauch gab. Ratzinger, der Franz Josef Strauß beerdigte, rühmte diesen dabei als eine „Säule der Kirche" (Säule ist hier kein Diminutiv von Sau). Mit diesen Referenzen kann man die katholische Kirche auch diskriminieren.

[90] Lennon erklärte 1980 "That was me, remembering a little event with a woman in Jersey, and a man who was England's answer to Allen Ginsberg, who gave us our first exposure... I met him when we were on tour and he took me back to his apartment, and I had a girl and he had one he wanted me to meet. He said she dressed up in polythene, which she did. She didn't wear jackboots, and kilts, I just sort of elaborated. Perverted sex in a polythene bag-- Just looking for something to write about." www.beatlesinterviews.org

[91] 13. September 1969 beim „Toronto Rock and Roll Revival" in Kanada.

Live in Toronto mit der Plastic Ono Band

Das Plastic-Thema passt zum Act von Yoko bei "Live in Toronto mit der Plastic Ono Band". Schon in den ersten drei Minuten des relativ kurzen Konzertes, als die Topmusiker Lennon, Clapton, Voormann und White den Carl-Perkins-Titel „Blue Suede Shoes" spielen, verhüllte sich auf der Bühne die nahezu pathologisch extrovertierte Ono in einen weißen Bettbezug und erschien wie ein Landschulheimnachtgespenst. Was immer Onos Intentionen waren: Die Leute waren gekommen, um Konzerte zu genießen, unter anderem mit Lennons Idol Chuck Berry. Natürlich war es schonender für die Zuschauer, dass Ono sich verhüllte. Eine Entblößung wie auf dem Hüllenphoto von „Two Virgins" hätte vielleicht zu Traumata geführt, die man nur wie John Lennon mit einer Urschrei-Therapie bei Arthur Janov hätte kurieren können. John nannte sein erstes ernstzunehmendes Musik-Projekt mit der „Plastic Ono Band" auch das „Primal Scream"-Album. Zum Namen der Band kommentierte John noch 1969, sie sei ziemlich flexibel, denn sie sei „Plastic", wie man wisse.

Der Weg zum Toronto-Konzert begann damit, dass John –noch wusste niemand, dass die Beatles kurz zuvor zum letzten Mal zusammen gewesen waren – zu einem Festival eingeladen wurde, bei dem auch sein Idol Chuck Berry auftrat. Den wollte er seiner göttlichen Yoko vorstellen. John und Chuck zusammen: Das ist der Himmel des ‚Rock ‚n Roll'. Von John stammte die Sentence: „Wenn Rock ‚n Roll einen Namen hätte, wäre er Chuck Berry." Vielleicht hätte eine Abstimmung Elvis Presley gewinnen lassen und für die Beatles war das erklärte Ziel, besser zu werden als Elvis und nicht als Chuck Berry, aber in der Tat ist Chuck Berry authentischer.

John organisierte sich schnell eine Cream-de-la Band mit Eric Clapton, dem Ex-Cream-Gitarrengott als Leadgitarristen, Klaus Voormann, den Freund aus den schlüpfrigen Hamburger Zeiten am

Bass, Manfred Mann[92] und den Alan Price- / Air-Force-Drummer Alan White an den Trommeln. Voormann schilderte in seiner Autobiographie.[93] Sie saßen bereits im Flugzeug, als sie das Programm zusammenstellten. Die Wahl fiel auf Klassiker. Das klappt im Rock ‚n Roll immer. ‚Blue Suede Shoes', ‚Money' und ‚Dizzy Miss Lizzy' würden laufen. Schade, dass kein Berry-Titel dabei war.

Schwieriger waren die neuen Lennon-Titeln (Cold Turkey war noch unveröffentlicht). Yer-Blues kannte man vom White-Album. „Give Peace A Chance" war im Juli als "Plastic Ono Band" – Produkt erschienen, ebenfalls in Kanada, in Montreal aufgenommen. Es war nicht Klaus Voormann, sondern John Lennon, der dieses Lied beim Konzert auf Deutsch einzählte.

Ohne Yoko konnte es nicht gehen. Diese offensive Nicht-Musikerin brachte sich auf eine Weise ein, die nicht zum Setting passte. John mühte sich ab, seinen professionellen Kollegen zu erklären, wie das abginge. Es gäbe immer denselben Akkord. Eric Clapton überlegte sich, dies mit einem Bo-Diddley-Rhythmus zu verbinden. Als er fragte, ob Yoko dazu singen würde, bekam John Probleme, denn selbst er hatte realisiert, dass man Yokos Geschrei nicht als Gesang ausgeben könnte. Schon mal gar nicht er, denn er hatte sehr biedere Vorstellungen von Musik, wenn es um die Avantgarde ging. So hielt es Klaus Voormann in seiner Autobiographie fest.

Beim Torontokonzert krabbelte dann Yoko in einem Sack herum. Wer ihr irgendwann in die Augen schaute, spürte ihren bedeutungsvollen Blick, der lediglich eine Botschaft transportierte: „Ich, Yoko, bin ganz ganz wichtig!" Da dachte mancher vielleicht: Any Jobber got the sack – und in diesen könnte man Yoko stecken. Oder „Gebt Yoko den Sack…"

---

[92] John zählte ihn als Mitwirkenden auf, im Abbey-Road-Interview 1969. Auf dem Cover wird er nicht erwähnt.
[93] Klaus Voormann: Warum spielst du Imagine nicht auf dem weißen Klavier, John?

20 Beatles go Dada

Hinweise auf Dada fielen schon an ein paar Stellen. Diese Kunstform, die manche klassischen Kritiker gerne mit Anführungszeichen „Kunst" versehen, entstand rund um 1916 in der Schweiz, parallel in den USA und fand auch in Berlin einen Schwerpunkt. Der erste Weltkrieg ließ viele ästhetische Kriterien obsolet erscheinen. Die Künstler neigten zu Nihilismus verbunden mit Pazifismus, was im Krieg sehr politisch war. 1969 beherrschte das Thema „Vietnamkrieg" die Diskussionen der westlichen Jugend. Kriegsführung und Kriegsziele ließen die bürgerlichen Rechtfertigungen verlogen erscheinen. „Ihr seid dada!" wäre ein Umgang mit den überheblichen Erwachsenen.

21 She Came In Through The Bathroom Window

Schon der Titel "She Came In Through The Bathroom Window" erzählt eine ganze Geschichte. Du stellst dir etwas vor, auch ohne Hintergrundwissen. Neugierde steigt auf. Später interpretierte Joe Cocker Pauls Song kongenial und sehr erotisch. Dabei klingt die originale Version der Beatles süffisanter und funkelt mit ihren dadaistischen Sentenzen.

Der Einstieg ins Badezimmer! Das geschieht in einem Gebäude der 50er-Jahre. Mit etwas Geschick konnte man ein Fenster von außen hochschieben, riskierend, dass dem Einbrecher das Fenster während des Einsteigens ins Genick fiel wie eine Guillotine. Im Swinging London der späten 60er müsste das Mädchen einen Minirock anhaben[94].

„Protected by a silver spoon" klingt richtig dadaistisch. Der Dadaismus hatte zwar in den 20er-Jahren kurzlebig ihren Ursprung, konnte aber wunderbar in die späten 60 auferstehen. Ein silberner Löffel als Schutz! What the F# heißt das? Bei "Sabinchen war ein

---

[94]Klassische Bilder gibt es hier mit Yoko Ono.

Frauenzimmer", der deutschen Moritat führt der "silberne Blechlöffel" zum Mord.

Doch was tut „she", nachdem sie ins Haus eingebrochen ist? Sie lutscht am Daumen. Ein kokettierendes kleines Mädchen mit Zöpfen? Ein Baby? Aber nein, sie wandern das Ufer entlang, das Ufer ihrer eigenen Lagune. Die folgenden Assoziationsmöglichkeiten sind schier unerschöpflich. Wir können an Venedig ebenso denken wie an Korallenriffe oder… die Badewanne im Badezimmer. Sie kreist um sich selbst.

Die Szenerie führt den Dichter zurück zu den Groupies, den Apple-Scruffs, die vor dem Haus des Beatles „Wache standen". Hat ihr niemand gesagt, wie sinnlos dies alles ist? Hat niemand gesehen, wie sie hier ihr Leben verplempert? Sonntags telefoniert sie mit dem Montag, am Dienstag telefoniert sie mit... mit Paul? Aber auch dieses Telefonat ist surrealistisch sinnlos.

Sie erzählt, dass sie eine Tänzerin ist und in fünfzehn Clubs jeden Tag arbeitet. Möglicherweise tauchen hier die Assoziationen an Hamburg und die Striplokale auf.

„Hamburg" ist für „Abbey Road" ein wichtiges emotionales Vorzeichen. John hielt die Beatles in Hamburg gegen Ende für die besten Beatles. Ihr Direktheit und Präsenz war unübertroffen. „Abbey Road" sollte an die Bandidentität des „Star-Club" anknüpfen.

Fünfzehn Lokale an einem Tag... Aber macht das alles einen Sinn? Vielleicht kennen ja die Beatles die Antwort.

Das Thema „Sinn" erscheint urplötzlich. Sinn wäre ja die Antwort auf die Frage nach dem „Warum?". Hat Paul die Antwort?[95]

Die Formulierung "and though she thought I knew the answer, well, I knew what I could not say" könnte von Lennon stammen. Andere denken, ich hätte die Antwort – auf eine Frage, die vorher nicht gestellt wurde. Man könnte an alle möglichen Fragen denken, die den Sinn des Lebens betreffen. Bob Dylan hatte sich eindeutig artikuliert: „Ich bin nicht der Messias, der euch den Weg zeigt!" Die Beatles und Freunde wie Donovan oder Brian Wilson von den Beach-Boys hatten ihrerseits Antworten gesucht und waren dem Maharishi Yogi bis nach Indien in den Ashram gefolgt. Ringo vertrug

---

[95] Auf „Abbey Road" ist „Let it be" nicht enthalten, aber schon aufgenommen. „There will be an answer" zieht sich durch Refrain. Auch hier steht plötzlich eine Frau im Raum: „Mother Mary". Meinte Paul die Jungfrau Maria oder seine eigene Mutter?

das Essen nicht und flog wieder heim. John, der leicht Entflammbare, war schlagartig ernüchtert, als der vergeistigte Guru sich angeblich an ihre Groupies oder Frauen heranmachte. In „Sexy Sadie" auf „The Beatles" schlug sich das nieder.

Der „Kaiserkeller" oder die „Große Freiheit" erzeugten Sehnsüchte.

Hamburg: die Original-Beatles in Wachs. Allerdings mit Ringo an den Drums.

Paul schreibt jedoch nicht, dass er keine Antwort kennt, sondern sogar, dass er sie kennt, aber nicht aussprechen kann.

Das Lied kippt in eine neue Szenerie: Er verlässt die Polizeistation. Da tauchen Erinnerungen an „A Hard Day's Night" auf, wo die Beatles skurrile Szenen auf einer Polizeiwache und der Straße davor (Autoknacker) erleben. Der Sänger outet sich als ein Polizist, der kündigt und einen dauerhaften Beruf ergreifen will. Kenner merken: Da klingt Ironie an, die er nach John's Dichterversuchen mit „In His Own Write" musikalisch umsetzte mit „Paperback Writer". „It's a steady job, but he wants to be a paperback writer" singt er dort. Was sollte nun der dauerhafte Beruf sein? Der Polizeiberuf ist es nicht. Wie sarkastisch klingt denn das?!

Dem Hörer viel abverlangt: Der dauerhafte Beruf ist der eines Bankräubers. Das Mädchen, das durchs Badezimmerfenster einstieg, versucht, ihm zu helfen, aber... Sie ist kein Unschuldslamm, doch der Spalt zwischen „Stehlen" und „Rauben" ist für sie zu weit. Dabei beschreibt sich der Dichter als Räuber. Er ist härter als jemand, der zwar gegen Gesetze verstößt, aber im kleinbürgerlichen oder zumindest im kleinkriminellen Bereich bleibt.

„She could steal, but she could not rob" krallte sich in meinem akustischen Gedächtnis fest. Ist „steal" und „rob" nicht dasselbe? Ein Eigentumsdelikt? Der Dichter in uns spürt: Hier wird differenziert und dabei kommt es für den Dieb und den Räuber zu auseinanderdriftenden Erkenntnissen.

Die Einbrecherin, zu allem bereit, will ihr Bestes tun. Das „Stehlen" klingt wie der Versuch einer Hilfe für den, der zu dem Badezimmer gehört. Das „Stehlen" ist Hilfe. „Help!"?

Aber es gibt für das Mädchen eine Grenze. Es meldet sich ihr Gewissen. Was hieß wohl für Paul McCartney „could"? Ist das Nicht-Können zugleich Versagen? Die Beatles waren nicht zimperlich in ihrer Karriere. Auf der Reeperbahn half kein Schmusekurs. Beim ersten Plattenvertrag kickten sie ihren Drummer heraus. Muss man rauben können?

„Hat es ihr niemand gesagt?" klingt fürsorglich, aber hier leicht genervt: Nee, die Tussi ist doch nichts für mich, der fehlt das Format - wie bei der Konkurrenz von Cynthia Lennon und Yoko Ono. Cynthia versuchte ihr Bestes, aber Yoko besaß die (kriminelle?) Energie, die John gewachsen war.

Später äußerte sich Cynthia zu den Charakterfragen. Nach ihrer Feststellung, John wäre ein Macho gewesen, unterstellte der Reporter, das Zusammenleben sei wohl schwierig gewesen. Cynthia: „Es ist nie einfach, mit Künstlern zusammenzuleben, weil sie so kreativ sind. Kreative Personen müssen alles tun, um diese Kreativität zu schützen und zu fördern. Ich habe versucht, ihm dafür Raum zu lassen." Unter Hinweis darauf, dass John sich und seine Band 1971 als „vier verdammte Arschlöcher" bezeichnet hatte, fragte der Reporter, ob man ein Arschloch sein müsse, um ein großer Künstler zu werden. Cynthia: „Man muss absolut auf sich selbst bezogen sein, darf sich nicht ablenken lassen. Ich bin eher jemand, der sich um andere kümmert. Ich hatte immer Träume, auch ein bisschen Talent. Wahre Künstler wie John oder Bob Dylan sind komplette Egomanen."[96]

Cynthia konnte vielleicht stehlen, aber sie konnte nicht rauben. Yoko war da anders. Vielleicht wirkte dieser Kontrast bei Paul während des Schreibens mit.

22 Golden Slumbers

Von goldenem Schlummern zirpt Paul, während John wirklich schlummerte. Tags zuvor hatte er einen mysteriösen Autounfall. Nun, am zweiten Juli lag er noch im Krankenhaus. Die Endfassung des Songs auf alle Fälle nervte ihn mit den vielen Streichern. Er sprach von „White Trash". Das gehört wohl zur weißen Unterschicht.

Das Stück passt zu Pauls Versuchen, Werke für die Ewigkeit zu schreiben. In dieser Phase misslang dies meistens, aber bei „Golden Slumbers" zumindest etwas Nettes heraus. Das liebliche Stückchen gewinnt durch den Kontrast zu „Carry That Weight" mit seinem bombastischen Charakter. Beide sind am Stück entstanden. Bläser und Streicher fügte wie üblich George Martin hinzu.

Die Überschrift klaute Paul von einem Schlaflied, einem "Lullaby". Angeblich entdeckte der Beatle zuhause in Liverpool ein Liedblatt seiner Stiefschwester Ruth. Jim McCartney hatte 1964

---

[96] www. der Tagesspiegel 1.8.2010

wieder geheiratet, Angie Williams, seine zweite Frau war ebenfalls verwitwet und brachte ihre vierjährige Tochter Ruth mit in die Ehe. Ruth lernte Klavier und war gerade neun Jahre, als Paul auf dem Klavier seiner Stiefschwester das Blatt "Cradle Song" fand.

Das Schlaflied "Cradle Song" adaptierte Thomas Dekker 1603 für sein Stück „Patient Grissel". Im Notenlesen war Paul kein Crack. So schuf er aus der Anregung des Textes ein eigenes „Schlummerlied". John Lennon erzählte alternativ, Paul hätte es in einem Buch von Dekker gefunden, das er zufällig besaß.[97]

„Einst gab es einen Weg, nach Hause zu kommen." Durch die Assoziation an Märchengeschichten könnte schimmern, dass es für die Fab Four keinen Weg nach Hause in ihr „Beatles-Märchen" mehr gab. Sie gehörten nun der Öffentlichkeit. Galt dies auch für die Familien? So manche Mitglieder probierten sich als Musiker aus. Aber hätten Michael McCartney und Ruth McCartney (i.e. Williams) ohne Pauls Erfolge ihre musikalischen Versuche überhaupt übernommen.

Michael schaffte 1968 mit seinen Scaffolds einen Hit. Er grenzte sich von Paul dadurch ab, dass er sich als Künstler „McGear" nannte.[98] Mit „Lilly The Pink" erreichte er Number One. In meiner Jugend überzeugte die unprätentiöse Faschingspartymusik. Aber lange blieb Michael nicht im Geschäft und wurde dann Fotograph.

Länger lebte die Geschichte mit dem Wiegenlied weiter, das Paul auf dem Piano der neunjährigen Ruth fand. Er las den Text, hörte das Geklimper des Mädchens und machte sich dann an die Arbeit für ein

---

[97] Ich könnte auch erzählen, er hätte das Buch eines Morgens unter seinem Kopfkissen, seinem Pillow gefunden und das Buch wäre zu schwer für das Kissen gewesen, die Last, the weight hätte das Pillow nicht tragen können. Klingt doch auch sehr überzeugend, oder? Die Melodie kam Paul nachts, als er auf dem Kissen mit dem Buch darunter schlief. Als Buchzeichen steckte in dem Büchlein ein Zehn-Schilling-Schein, eine Ten-Bob-Note von Allan Klein, der ihm das Geld nicht freiwillig geben wollte, aber einen Schein als Einladungskarte akzeptierte.
[98] Paul grenzte sich ja von sich selbst manchmal ab, indem er unter einem Pseudonym veröffentlichte.

eigenes Lied: "I was just playing the piano in Liverpool at my dad's house, and my sister Ruth's piano book... she was learning piano... and 'Golden Slumbers and your old favorites' was up on the stand, you know - it was a little book with all those words in it. I was just flipping through it and I came to 'Golden Slumbers.' I can't read music so I didn't know the tune... I can't remember the old tune... so I just started playing 'my' tune to it. And then, I liked the words so I just kept that, you know, and then it fitted with another bit of song I had-- which is the verse in between it. So I just made that into a song. It just happened 'cuz I was reading her book."[99] (1969)

John hätte es sich anders arrangiert gewünscht, denn er erkannte etwas Gospelhaftes darin. In seinem 1969er Interview sang er es

---

[99]http://www.beatlesinterviews.org

auch an. Diese Version könnte uns sehr interessieren: der Gospelhintergrund der Beatles. Das ist sicher etwas anderes als der Kirchenchor, in dem John als Kind mit sang.

Toll, so ein Schlaflied, das bei allen kleinen Kindern gesungen würde. John hatte es bereits mit „Good Night" vorgemacht, auf „The Beatles" präsentiert von Ringo Starr. „Good Night" ist ein phantastisches Gute-Nacht-Lied und ich habe es bei meinem Sohn jeden Abend gesungen.[100]

Cynthia Lennon wurde später gefragt, ob es zu dem „guten Vater" John gehörte, Schlaflieder zu singen. Ihre Antwort war ernüchternd. „Nein, das hat er erst später mit Sean gemacht, dem Sohn, den er mit Yoko hatte. John hatte aber auch bei mir schon seine Gitarre immer griffbereit, manchmal stand er nachts auf, schrieb eine Liedzeile auf oder probierte eine Melodie am Klavier aus. Unter dem Dach hatten wir ein kleines Studio eingerichtet. Oft hat er nach ein paar Stunden runtergerufen: „Cyn, komm hoch und hör dir das an!" Ich habe dann meinen Kommentar dazu gegeben und versucht, weiterzuhelfen, wenn er irgendwo feststeckte." Der Reporter fragte nach, ob John zum Ausgleich den Müll rausbrachte. Cyn: „Machen Sie Witze? Er war ein Mann aus dem Norden Englands." Was heißt das? „Er war ein Macho!" Schließlich zitierte der Reporter John aus einem Interview von 1971: „Wir waren vier verdammte Arschlöcher." Cyn war erstaunt: „Das hat John gesagt? So viel Selbstkritik?"[101]

23 Carry that weight

Das Fill-in zum Auftakt von "Carry that weight" entspricht dem Auftakt zum Refrain von "Golden Slumbers". Noch in „Golden Slumbers" befangen erwartet der Hörer den Refrain eines Schlafliedes, als plötzlich ein Sing-along-Song ertönt. Nicht nur, dass Ringo

---

[100] Pauls „Birthday" gelangte aber nie in seine Geburtstagsfeiern.
[101] www.der tagesspiegel.de 1.8.2010

ihn einleitet, oft genug hört man auch seine Stimme heraus. In welchem Beatles-Song klingen ansonsten die Stimmen aller vier so gleichberechtigt an?

John wurde gefragt, ob dies sein Anteil zu „Golden Slumbers" gewesen sei, aber er verneinte es und meinte: Es stammte von Paul – so weit ich weiß. Dann lachte er und fuhr fort: Oder es stammt von Ringo! Das könnte auch passen.[102]

Gerade Ringo veröffentlichte Jahre später ein Lied mit dem Titel „Don't carry the weight of the world…"[103]. Paul hatte schon 1968 bei „Hey Julian", einem Mutmachlied für Johns Sohn bei der Trennung seiner Eltern, eine entsprechende Zeile formuliert. „Hey Jules, refrain, don't carry the world upon your shoulders." Veröffentlicht wurde dies als "Hey Jude", der ersten Apple-Single.

Auf den Auftaktrefrain folgt ein Hörnersolo, dem ein Gitarrensolo antwortet. Dann läutet das Piano ein Wiederhören von „You never give me your money" ein. Doch der Text ist gänzlich anders. Er beginnt nicht mit „You", betrifft nicht Allan Klein oder irgendjemanden. Er beginnt mit „I". Dieses „Ich" gibt kein Geld, sondern verweigert sogar sein Kissen. Pillow passt zum vorhergehenden Schlaflied. Allerdings entwickelt sich aus diesem seltsamen Dreiklang von Erinnerung an „Money", Erinnerung an „Slumbers" und der Aufforderung, die Last zu tragen dann eine eigenwillige Satzkombination, die mehr assoziieren lässt als zu erzählen.

Der Ersatz für das Kissen ist die Einladung. Bevor hier tiefgründige Erklärungen aneinandergereiht werden, könnten wir auch dies für eine dadaistische Kollage halten. Denn es schließt sich ein Fest an, ein feierliches Fest, eine Zelebration. Da bricht der Dichter zusammen. Passt der Schluss zum Stichwort „weight", Gewicht, Last,

---

[102] John Lennon Abbey Road interview Sept.1969
[103] Ringo Starr, Time takes Time, 1992

Bürde? Irgendwie schon. Die Stories im Hintergrund bleiben unerzählt.

Paul stand unter Stress. Das hielt er meistens gut aus. Aber nun wurde es immer wieder zu viel. 1994 er erklärte zu "Carry that weight": "I'm generally quite upbeat, but at certain times things get to me so much that I just can't be upbeat anymore and that was one of those times. 'Carry that weight a long time'-- like forever! That's what I meant... in this heaviness there was no place to be. It was serious, paranoid heaviness and it was just very uncomfortable."[104]

In der Tiefe ist „Carry that weight" ein Ermutigungsong für die Band, durch zu halten bis zur Lösung, wie immer die auch aussieht: ein gemeinsames Werk oder die Trennung. Letztlich wurde es beides: Das Meisterwerk zur Trennung.

24 Where Fab Four Ends meet

Um das Opus opulent zu schließen, betätigte sich Paul als "Barde"[105] und dichtete ein Verspaar, ein Couplet, das John qualitativ so überzeugte, dass sie es für das Schlussstück wählten. Noch einmal trafen sich die Vier und fügten erstmals Soli von jedem Mitglied ein, ein Novum als Finis.

Mit Pauls Basslinie nach der Überleitung und einem antreibenden Fill-In von Ringo beginnt der Song. Der Einstieg mit „Are you going to be in my dreams – tonight..." klingt unspektakulär, dann kommt schon Ringos „Solo" und in der rockigen Folge singt Paul parallel zur verzerrten Gitarre, so dass Stimme und Gitarre nicht zu unterscheiden sind geschweige denn Wörter erkennbar werden. Dann setzen die Gitarren ein.

Ringos Solo passt in jenes Jahr, in dem das Drum-Solo von Iron Butterfly auf „In-A-Gadda-Da-Vida" die Stereoboxen der Jugend

---

[104]http://www.beatlesinterviews.org
[105]Miles, Barry (1997). Paul McCartney: Many Years From Now S.558

beherrschte. Wir setzten uns im Schneidersitz auf den Boden, lauschten und trommelten mit den Händen auf Schenkel und Knie, am besten mit leicht verdrehten Augen, als wären wir stoned.

Aufnahmetechnisch finden wir hier die Umkehrung von Because: Dort spielte Ringo als Metronom mit und seine Hi-Hat wurde herausgemischt, damit ein A-Capella-Stück erklang. Hier begleiteten ihn seine Freunde mit Gitarre und Tambourin, was anschließend herausgemischt wurde, so dass ein Drum-Solo übrigblieb. Die Ursprungsversion mit der rockigen Sologitarre ist auf Anthology 3/2 zu hören.

Ringo wollte nie ein Solo spielen – und de facto tat er es hier auch nicht, sondern der Rest wurde nur herausgemischt. Paul erzählte später (1988): "Ringo would never do drum solos. He hated drummers who did lengthy drum solos. We all did. And when he joined the Beatles we said, 'Ah, what about drum solos then?' and he said, 'I hate 'em!' We said, 'Great! We love you!' And so he would never do them. But because of this medley I said, 'Well, a token solo?' and he really dug his heels in and didn't want to do it. But after a little bit of gentle persuasion I said, '...it wouldn't be Buddy Rich gone mad,' because I think that's what he didn't want to do. ... anyway we came to this compromise, it was a kind of a solo. I don't think he's done one since."

In meiner „Out-take"-Sammlung findet sich ein Solo von Ringo. Am Schluss der Aufnahmen von "Hello Goodbye" trommelt Ringo einfach wie wild weiter und ruft anschließend "I just lost myself!". Genauso klingt es auch – auf einer LP-Version hätte man diesen Schluss so stehen lassen können.

Auf Anthology überrascht uns eine weitere Variante: Zunächst scheint „The End" wie bekannt aufzuhören, dann aber schwillt aus dem Nichts ein Orchesterakkord an und ab. Dreißig Musiker erinnern an den Schluss von „A Day in the Life". Wie vieldeutig symbolisierbar… Mit einem analogen Klang schloss Sgt. Pepper und auch dort erklingt noch ein „Nachhall" auf dem Schlussteil der Rille, dieser Endlosschleifenfetzen. Für Abbey-Road wurde der Orchesterteil herausgenommen. Den Nachklang lieferte diesmal „Her Majesty".

„The End". Ende? Auch Ende der Band? „Let it be" („Lasst es sein") erschien später, wurde aber früher aufgenommen. Bedeutet „Let it be" wirklich: Lass es sein? Nein, im Kontext des Liedes der Trauer um seine Mutter Mary[106], im Januar 1969 entstanden übersetzt man es besser mit: „Lass es zu!", also: Lass deine Trauer zu!

Das Ende der Beatles war kein Paukenschlag, sondern ein Prozess, für den verschiedene Beobachter verschiedene Zeitpunkte angeben. Bei mir war es im April 1970, als im Bayerischen Rundfunk der „Club 16", unsere Standardsendung kam. Es erklang „Magical Mystery Tour" und in den Schluss hinein sprach Georg Kostya: „Eine Nachricht für alle Beatles-Fans. Paul McCartney hat seine Trennung von den Beatles bekannt gegeben." Ich war geschockt! Das durfte nicht wahr sein!

Die letzten Aufnahmen machten sie wie geschildert schon am 19. August mit „Here Comes The Sun". Ihr letztes Treffen im Studio war tags darauf. Sie mischten John's Song auf Yoko ab: „I Want You (Seh's So Heavy)" und schnitten bekanntlich das Band durch, wie man eine Blume abschneidet.

Die Gitarrensoli in „The End" zeugen von großer Spielfreude. Beobachter wie Geoff Emerick erzählten später, die drei Gitarristen hätten versucht, sich gegenseitig an der Gitarre zu übertrumpfen, aber im sportlichen Sinne.[107] Die Soli, jeweils zwei Takte lang, ka-

---

[106] Sie starb am 31 October 1956
[107] Das zeigt Paul heute noch so bei seinen Konzerten, wenn er mit seinen beiden Begleitgitarristen seine Licks präsentiert.

men erst von Paul, dann von George und dann von John. Das wiederholte sich zwei Mal. Es lohnt sich, diese Stelle mehrmals anzuhören. Besonders Johns erster Soloteil und Georges letzter treffen die musikalischen Persönlichkeiten präzise. Was verspielt und wild klingt, ist treffsicher. Nach den Soli setzt der Flügel zum Schluss an, bis George mit der Gitarre und Ringo mit einem Break endgültig abschließt.

Piccadilly-Circus, kurz bevor ich mir in einer Seitenstraße die „Abbey Road" kaufte

Der Schlussakkord ist orchestral. John Lennon fand es nicht rockig genug, aber es wirkt harmonisch für die LP wie auch die Geschichte der Band. Hier tritt auch der reale fünfte Beatles bei „Abbey Road", George Martin noch einmal auf den Plan. Das Stück selbst bringt die musikalische Vielfalt der Beatles als Quartett und Quintett zum Klang, wobei der Sound dem des ganzen Albums entspricht.

25 Zum Ende: Stimmen aller vier

So ging es zu Ende. Dieser Prozess wurde immer wieder und aus jeder Sicht ein bisschen anders beschrieben. So meinte Paul: „Ich sagte: ‚Ich finde, wir sollten wieder kleine Gigs machen – im Grunde sind wir eine prima kleine Band. Wir sollten auf die Suche nach unseren Wurzeln gehen. Vielleicht machen wir dann Schluss, oder wir kommen zu der Überzeugung, dass wir es immer noch drauf haben.' John sah mir in die Augen und sagte: ‚Ich glaube, du bist bescheuert. Eigentlich wollte ich es euch erst sagen, nachdem wir den Vertrag mit Capitol unterschrieben haben. Ich verlasse die Band.' […] ‚Du meinst, du steigst aus? Das war's dann wohl mit den Beatles.' Erst später, als wir die Tatsache langsam verdauten, waren wir wirklich bestürzt."

Sie hatten viele Jahre ihres Lebens nur gemeinsam überlebt. Sie waren einen gesünderen Weg gegangen als Elvis, weil sie sich gegenseitig hatten. Da konnte sich tatsächlich das Gefühl einstellen: Alleine schaffe ich es nicht. Der Verstand sagte: Doch! Aber die Verbundenheit aufgeben?

Auch für John war die Band das Leben und in gewisser Weise die Lebensrettung in seiner chaotischen Jugend. Nun spürte er, dass die neue Phase begonnen hatte. Äußerlich durch Yoko, aber innerlich schon mit „Help". So erinnerte er sich: „Dann saßen wir im Büro und diskutierten etwas mit Paul, und Paul redete irgendetwas – dass wir etwas tun sollten und so weiter, und ich sagte nur ‚Nein, Nein, Nein' zu allem, was er vorschlug. Paul fragte: ‚Was willst Du eigentlich?' Und ich antwortete: ‚Ich meine, dass das mit der Gruppe vorbei ist. Ich steige aus!' Ich habe die Band gegründet. Und ich habe sie aufgelöst. So einfach ist das […]. Aber schließlich brachte ich den Mut auf, den anderen zu sagen, dass ich – ich zitiere – die Scheidung wollte."

Scheiden tut weh, heißt es im Volkslied. Manchmal scheint Scheiden die ganze Vergangenheit zu zerstören, zumindest zu entwerten. Aber sollte die einmalige Geschichte der Beatles wirklich entwertet werden? Sie hatten doch gerade erst bewiesen, wie phantastisch sie zusammenarbeiten konnten.

George fühlte den Druck, den die Band auf die Mitglieder ausübte. Das klingt seltsam, da sie selbst die Band waren, aber sie hatten sich eben so entwickelt, dass sie dem Baby in der Fruchtblase glichen. Die Fruchtblase war die Band. Die Fruchtblase musste gesprengt werden. George interpretierte es so: „Jetzt war die Gruppe an einen Punkt gelangt, an dem sie uns erstickte. Sie erlegte uns zu viele Einschränkungen auf ... Ohne die Band sah ich eine weit bessere Zukunft für mich. … es war Zeit zu gehen."

Die Jungs waren keine Jungs mehr, sondern Männer. Der Erfolgsdruck war immer sehr groß gewesen, jetzt hatte sich ein neuer Druck aufgestaut: Wie gehen wir damit um, dass es zusammen nicht mehr weiter geht? Ringo sah das so: „Wir hatten die Gruppe zusammengehalten um *Abbey Road* zu beenden. Aber im Grunde war da schon alles vorbei. Nachdem wir endgültig beschlossen hatten uns zu trennen, fühlte ich mich erleichtert."

26 Ende oder Pause

Dann herrscht Schweigen. Es ist nicht der Nachhall wie bei „A Day in the Life", es ist einfach Schluss. „Schade", denkt man und wünscht sich noch ein paar weitere Lieder. Als ich die LP zum ersten Mal hörte, ahnte ich es noch, aber mein Freund Günter sorgte für Spannung. Ich wartete mit meinem Reden (wir hatten die LP gerade über Mikrophon aufgenommen), bis er mir ein Zeichen gäbe. Und dann kam noch ein Lied. Günter grinste über beide Backen. Das war ein Gag… und das Liedlein auch ganz nett. Aber die Pause? Schön, wenn man auch mal eine Pause hat. Dann kann man die Zugabe genießen.

Das Ende für die Größten der Popmusik, die bereits den Größten des Rock ‚n Roll, Elvis und den Größten der Schwergewichtsboxer, Muhammed Ali a.k.a. Cassius Clay getroffen hatte, mündete in einer Botschaft an ihr Staatsoberhaupt, die Königin, Queen of England.

27 Her Majesty

Nach „The End" war „Abbey Road" zu Ende. Wir hatten eine tolle Platte gehört. Doch bevor der Plattenarm in das Rillenende einschwenkte, erklang plötzlich eine Gitarre, wie die Aufforderung zum Zuhören. Das war ein Geschenk! Nicht nur eine LP lag auf dem Plattenteller, sondern es gab noch ein Zuckerstückchen am Schluss. Genauso klingt es, wie eine hübsche Dreingabe. „Das packen wir noch obendrauf", schienen die Beatles zu sagen.

„Her Majesty" ist ein seltsames Lied. „Ihre Majestät ist ein hübsches nettes Mädchen, aber sie hat nicht viel zu sagen.." Stimmt. Aber es scheint so banal, dass man sich fragt: Was soll das? Auch musikalisch wirkt der Song extrem beiläufig. Dada? Non-Sense? Oder einfach überflüssig? Die unauffällige Melodie klingt erfreulich hübsch und frisch, wie für ein geselliges Beisammensein, wo jemand zur Gitarre greift und ein Liedlein trällert, über das man ein bisschen kichern kann. Man könnte am Lagerfeuer sitzen. Aber es geht immerhin um die Königin.

Ihre Majestät ist ein ziemlich nettes Mädchen… Die Beatles hatten als Jugendliche ihre Krönung mitbekommen. 1969 war sie 43 Jahre jung[108] –aus der Sicht 50 Jahre später unglaublich jung. Dass sie nichts zu melden hat, stimmte und stimmt natürlich. Umso bemerkenswerter ist, wie zäh sie heute noch an ihrem „Job" hängt. Zwei der Beatles überlebte sie. Zu ihrem Krönungsjubiläum gab Paul eine wunderbare Konzerteinlage und reanimierte Johns „All you need is love" mit einem gigantischen All-Stars-Chor.

---

[108]geb. 21. April 1926

Die Beatles schickten ihr ein Vorausexemplar von Abbey-Road, wofür sie sich artig bedanken ließ. Später schlug sie Paul und noch später Ringo zum „Sir". 2002 war sie 50 Jahre Königin und bei ihrer Party im Garten des Buckingham-Palace[109] widmete Paul ihr noch einmal „Her Majesty".[110]

Dass sie sich täglich ändert verdankt sich dem Reim von „say" und „day" und nicht der Galerie ihrer Schuhe und Kleider. Der brave Paul möchte ihr sagen, dass er sie ziemlich lieb hat, aber dazu braucht er einen Becher Wein. Übermütig bis frech beendet er das skurrile Liedlein mit „Eines Tages mache ich sie zu der meinen…" Auch das klingt dem Reim geschuldet: „wine" und „mine".

Dabei ist der Text mit einer Klimax versehen und Paul wiederholt die letzte Zeile. Es klingt wie ein Märchen, dass der einfache Junge aus Liverpool sich eine Königin schnappt. Doch dieser Junge kann „Gold aus Stroh spinnen" mit seinen Gitarrensaiten und Liedern. Dafür erhielt er wie seine drei Kumpel den Orden MBE („Member of the Britisch Empire"). John kommentierte damals: „Ich dachte, dafür müsste man einen Krieg führen oder Leute erschießen."

Immerhin verewigte Paul die Königin bereits in seinem phantastischen „Penny Lane": „In Penny Lane there is a fireman with an hourglass and in his pocket is a portrait of the Queen…" Auch in Mean Mr. Mustard, an das HM ursprünglich anschließen sollte, wird die Queen genannt. Mr. Mustards Schwester Pam „takes him out to look at the Queen", was zum einzigen Erlebnis seines Lebens wird.

„Her Majesty" war ursprünglich länger als die Version vom 2. Juli, die auf der LP erschien. Im „John Lennon Abbey Road interview Sept.1969" erklärt der Reporter, er hätte zum White-Album damals Paul interviewt und der hätte ihm „Her Majesty" vorgespielt,

---

[109]Der spielte bekanntlich eine skurrile Rolle in „Help!"
[110]Er wurde als „Sir Paul Winston McCartney" angekündigt, obwohl den Vornamen „Winston" John Lennon trug, eine Hommage seiner Eltern an Winston Churchill (2. Weltkrieg)

in einer längeren Version. Das passt. Denn im Januar 69 jammten die Beatles in ihren Get-Back-Sessions. Paul stellte sein Lied vor, George begleitete ihn solistisch und John unterhielt sich mit jemandem. Die Länge dieser Aufnahme entspricht einem normalen Popsong. Sie klingt nicht so intim wie auf der Platte und Paul bemüht seine vorsichtige, hohe und gequälte Stimme. Da wird mal was ausprobiert. Es sollte aber ein kompletter Song werden.

Die Geschichte zur Positionierung gehört zu den am liebsten kolportierten der Abbey-Road-Story. Im Konzept des sogenannten Medleys leitete „Her Majesty" von Mean Mr. Mustard zu Polythene Pam über. Der Endzustand dokumentiert dies: Der Ausklang von Mean Mr. Mustard ist zu Beginn von „Her Majesty" zu hören, während Her Majestys Schlussakkord fehlt, weil mit ihm Polythene Pam beginnt.

Einen Monat hielt der Song seine Position im Medley, bis Paul ihn entfernen ließ. Er wies den Tontechniker John Kurlander an, es herauszuschneiden. Von EMI hatte dieser jedoch die grundsätzliche Anweisung, kein Beatles-Material zu vernichten. So klebte er es an den Schluss.[111] Als beim Abhören des Bandes das Lied nach 14 Sekunden erklang, fand es Paul so originell, dass er anordnete, es solle dort bleiben. Freilich wurde es nicht auf der Songliste des Covers gelistet. Heute spräche man von einem „Hidden Song". Paul nannte den Vorgang bei den Anthology-Interviews einen beatles-typischen „accident".

---

[111] Als Jugendliche markierten wir bei einem Band ein Lied optisch, schnitten es heraus, fügten die Schnittstelle mit einem speziellen Klebestreifen wieder zusammen und fügten das Bandstück an einer anderen Stelle ein. Durch die Laufgeschwindigkeit des Bandes war der Schnitt, wenn er präzise saß, nicht zu hören.

Mit „Her Majesty" und „I want you"[112] sind auf Abbey-Road das jeweils kürzeste und längste veröffentlichte Lied der Beatles zu finden. Beide enden – aus unterschiedlichen Gründen – abrupt. Klassisch für die damalige Aufnahmetechnik: Das (analoge) Band wurde abgeschnitten: ein classischer „Cut".

„The Beatles" go dada? Bei „ Her Majesty" klingt es so. Äußerlich ein kleines Liedlein, vom Text her sinnvolle Sätze, die im Zusammenhang keinen Sinn ergeben. „Ein hübsches kleines Mädchen" war die Queen nicht. Dass sie sich täglich ändert ist keine tragende Botschaft. Der Märchen-Schluss passt in ein Dada-Gefüge jenseits der „vernünftigen" Welt, die bisher keine tragende Weltordnung mit oder ohne Königinnen geschaffen hat.

28 Letztes Kapitel

Nach dem Ende

Das „Letzte Kapitel" symbolisiert die Pause vor dem Gimmick. Aber jetzt: Verschaffe Dir Muse, leg die Platte auf oder die CD ein und genieße den vollen Sound mit vielen Facetten, die du kennengelernt hast.

---

[112]Eine halbe Minute länger als Hey Jude. „Revolution Nr.9" ist länger als „I want you", aber mehr Klangkollage als Song. Das kürzeste und zugleich längste „Lied" wäre der Schnipsel am Ende von Sgt. Pepper, den man auf klassischen Plattenspielern laufen lassen konnte, bis das Gerät den Geist aufgab... ☺

Literatur und Quellen

Best, P. und Doncaster, P., Beatle! The Pete Best Story
Clayson, Alan, Ringo Starr A Life
Heertsgaard, M. The Beatles, die Geschichte ihrer Musik
Hunter, Davis, Die Beatles 2002
Lennon, Cythia, Mein Leben mit John
Lennon, J., Abbey Road interview Sept.1969 mit Tony McArthur on Radio Luxembourg
Lennon, J., In seiner eigenen Schreibe
Lewinson, Mark, Die Beatles im Studio
Martin, G., Summer of Love
Miles, Barry, Paul McCartney: Many Years From Now (1997)
Moers, Rainer, Neumann, Wolfgang, Rombeck, Hans, Die Beatles
Norman, Ph., Shout! Die wahre Geschichte der Beatles
Norman, Ph., John
Rolling Stone, Juni 2017 (50 Jahre Sgt. Pepper's)
Rolling Stone, März 2014, McCartney, Paul, Interviews
Rolling Stone Oktober 2019 50 Jahre Abbey Road
Sanouillet, M., Dada von Max Ernst bis Marcel Duchamp
Schoßwald, V., Die Sgt. Pepper Generation
Schoßwald, V., Lucy, der Himmel und ich
Toropov, Brandon, Wer war Eleanor Rigby?

Bisher erschienen von Volker Schoßwald:
Sachbücher:

Albert Schweitzer, Antizipationen des Reiches Gottes
Allmacht: Ist Gott wirklich allmächtig?
Da war doch was…
Die Sgt. Pepper Generation
Dietrich Bonhoeffer als Seelsorger und Zeitgenosse
Martin Luther King – der letzte Prophet
Rebellen der Reformation
Rezepte aus Schossis Küche
Rekrut am Rande eines Völkermords
Wir waren doch auf dem Mond

Roman:

Lucy, der Himmel und ich

Kinder- und Jugendbücher

Lolo, Bibi und Piccolina, das Eselchen (Toskana)
Lolo, Bibi und die Mumie (Berlin)
Lolo, Bibi und die goldene Madonna (Schwabach)
Lolo und Bibi für Erstleser (Gekürzte Sammlung Band 1-3)
Lolo und das Maul des Löwen (Tanzania)
Lolo und Bibi und die Lady von Kerry (Irland)
Der Arzt im Dschungel (Albert Schweitzers Geschichten)
Käpt'n Windpocke (Reise um die Erde)
Volkys Kasperlstücke